TU FE ES
TU FORTUNA

Descubre El Poder Creativo De Tu Fe Para Transformar Tu Realidad

Colección Deluxe

Por
Neville Goddard
Imaginatio Divina Media

Publicado en 2024 por Imaginatio Divina Media.

Sitio web: www.imaginatiodivinamedia.com

ISBN: 979-8-3305-1312-3

Contenido

RESUMEN

DE *TU FE ES TU FORTUNA:*

Presenta un tema central en torno al concepto de imaginación como clave de la manifestación y la creación de la realidad. La filosofía de Goddard está profundamente arraigada en la creencia de que la conciencia da forma a nuestras experiencias, y alterando nuestra conciencia o autoconcepción, podemos manifestar nuestros resultados deseados.

Las ideas clave incluyen:

1. La imaginación como fundamento de la realidad: Goddard subraya que el poder creativo de la mente es ilimitado. Enseña que al imaginarnos que somos la persona en la que deseamos convertirnos o que poseemos lo que deseamos, esencialmente plantamos las semillas para que esas realidades lleguen a existir.

2. "YO SOY" como el Poder de la Creación: La frase "YO SOY" es central en sus enseñanzas. Goddard la interpreta como el nombre de Dios dentro de cada individuo, lo que significa que todo lo que atribuimos a "YO SOY" se convierte en nuestra realidad. Él conecta esto con las escrituras bíblicas, donde "YO SOY" representa la esencia del ser, y al declarar "YO SOY" algo, traemos ese estado a la existencia.

3. Conciencia y manifestación: Goddard sostiene que nuestro estado de conciencia es la única realidad. Al alinear nuestro estado interior de creencia e imaginación con el resultado deseado, las circunstancias externas reflejarán naturalmente este cambio. Esta creencia se ilustra con su afirmación de que "la conciencia del hombre es Dios".

4. Fe en uno mismo: El libro subraya que la fe en Dios es sinónimo de fe en uno mismo. La interpretación de Goddard sugiere que realizar nuestra divinidad interior a través de la imaginación y la creencia es el camino para cumplir cualquier objetivo deseado.

Tu fe es tu fortuna defiende que la imaginación, alineada con la creencia y la fe en la propia conciencia, es el medio para dar forma a la realidad y manifestar los deseos personales. Las ideas de Goddard se basan en la noción de que los individuos poseen un poder divino inherente para crear su realidad mediante el uso de la mente y la imaginación.

CONTEXTO MODERNO
DE *TU FE ES TU FORTUNA*:

Los principios de Neville Goddard pueden conectarse con temas contemporáneos como la neurociencia del pensamiento positivo, la atención plena y la ley de la atracción, proporcionando una base científica y práctica para los lectores que buscan comprender sus enseñanzas espirituales a través de una lente actual.

1. La neurociencia del pensamiento positivo: El énfasis de Goddard en la imaginación y la creencia que dan forma a la realidad se alinea estrechamente con la investigación moderna en neurociencia. Los estudios sobre neuroplasticidad demuestran que nuestros cerebros pueden reconfigurarse basándose en pensamientos y comportamientos repetitivos. El pensamiento positivo y la visualización, afines a las enseñanzas de Goddard, activan ciertas vías neuronales, reforzando comportamientos y actitudes que se alinean con esos pensamientos. Esto es similar a la idea de Goddard de que lo que te imaginas ser, eventualmente te convertirás, ya que el cerebro se adapta y manifiesta las imágenes mantenidas dentro de la mente.

2. Atención plena: La práctica de la atención plena, que implica estar plenamente presente y consciente en el momento, se hace eco de las enseñanzas de Goddard sobre la conciencia. La atención plena anima a las personas a centrarse en sus estados internos y a cultivar la autoconciencia, de forma muy parecida al llamamiento de Goddard a reconocer el "YO SOY" divino dentro de uno mismo. Ambas sugieren que, al centrarse deliberadamente en el estado del ser deseado, las personas pueden influir en su realidad externa. Este enfoque ayuda a los lectores modernos a encontrar una aplicación práctica para las filosofías de Goddard al permanecer anclados en el momento presente mientras moldean conscientemente sus creencias internas.

3. Ley de la atracción: La obra de Goddard es uno de los fundamentos de lo que hoy se conoce como ley de la atracción, un concepto que ha ganado gran popularidad. La idea de que "lo semejante atrae a lo semejante" -que la energía que emites al universo volverá a ti- refleja el principio de Goddard de que lo que creemos y sentimos como verdadero en nuestra conciencia se manifestará en nuestro mundo exterior. La interpretación moderna de la ley de la atracción anima a las personas a visualizar sus deseos y a mantener una energía positiva para hacerlos realidad, en paralelo directo con las ideas de Goddard sobre la fe y la imaginación.

Las enseñanzas de Goddard siguen siendo relevantes y conectan con las prácticas modernas de la neurociencia, la atención plena y la ley de la atracción, ofreciendo caminos tanto espirituales como prácticos para las personas que buscan cambiar sus vidas.

TU FE ES TU FORTUNA

Por Neville Goddard
(1941)

CAPÍTULO UNO
ANTES DE QUE ABRAHAM FUERA

**De cierto, de cierto os digo que antes que Abraham
fuese, YO SOY.
JUAN 8:58**

En el principio era el Verbo, y el Verbo estaba con Dios, y el Verbo era Dios".

En el principio era la conciencia incondicionada del ser, y la conciencia incondicionada del ser se condicionó al imaginarse que era algo, y la conciencia incondicionada del ser se convirtió en aquello que se había imaginado que era; así comenzó la creación.

Por esta ley -primero concebir, luego convertirse en lo concebido- todas las cosas evolucionan a partir de la No-Cosa; y sin esta secuencia no hay nada hecho que sea hecho.

Antes de que Abraham o el mundo existieran, YO SOY. Cuando todo el tiempo deje de ser, YO SOY. YO SOY la conciencia informe del ser concibiéndome a mí mismo como hombre. Por mi ley eterna de ser estoy obligado a ser y a expresar todo lo que creo ser.

YO SOY la eterna Nada que contiene dentro de mi ser sin forma la capacidad de ser todas las cosas. YO SOY aquello en lo que todas mis concepciones de mí mismo viven y se mueven y tienen su ser, y aparte de lo cual no son.

Yo habito dentro de cada concepción de mí mismo; desde esta interioridad siempre busco trascender todas las concepciones de mí mismo. Por la ley misma de mi ser, trasciendo mis concepciones de mí mismo, sólo en la medida en que creo ser aquello que trasciende.

YO SOY la ley del ser y fuera de MÍ no hay ley. YO SOY lo que SOY.

PREGUNTAS Y RESPUESTAS DE REFLEXIÓN

1. ¿Qué significa la frase "YO SOY" en el contexto de este capítulo?

- **Respuesta:** "YO SOY" se refiere a la conciencia incondicionada del ser, que es el estado fundamental de la existencia. Representa el yo eterno y sin forma que existe más allá del tiempo, el espacio y la identidad. Es la fuente de la que surgen todos los estados condicionados, todo lo que creemos que somos. Esta idea enfatiza que somos más que nuestras identidades o circunstancias actuales.

-

2. ¿Cómo se relaciona el concepto de "conciencia incondicionada" con la idea de creación?

- **Respuesta:** La conciencia incondicionada es la fuente de toda creación. Según este capítulo, la creación comienza cuando esta conciencia se imagina a sí misma como algo específico. El acto de imaginar o concebir es lo que da origen a las formas condicionadas: cosas o experiencias. Este poder creativo está regido por la ley de que nos convertimos en lo que creemos o concebimos que somos.

-

3. ¿Qué se quiere decir con la afirmación: "Por mi ley eterna del ser estoy obligado a ser y a expresar todo lo que creo ser"?

- **Respuesta:** Esta afirmación apunta a la ley del ser, que afirma que nuestro sentido de identidad moldea nuestra realidad. Estamos obligados a expresar y experimentar la vida de acuerdo con las creencias que tenemos sobre nosotros mismos. Si creemos que somos limitados, nuestras experiencias reflejarán esa limitación. Si creemos en la abundancia o la libertad, esas creencias moldearán nuestras experiencias de vida en consecuencia.

-

4. ¿Cómo explica el concepto de "Nada" el potencial de todas las cosas?

- **Respuesta:** La "nada" se refiere al estado de potencial puro, un estado incondicionado del que surgen todas las posibilidades. Esta conciencia informe contiene en sí la capacidad de manifestar todas las formas. No está atada a ninguna cosa en particular, pero contiene el potencial para todo. Al concebir algo, esta conciencia informe se convierte en aquello que imagina, dando así lugar a la forma y a la experiencia.

-

5. ¿Por qué es importante trascender las concepciones de uno mismo según este capítulo?

- **Respuesta:** Trascender las concepciones de uno mismo es clave para la evolución personal. Cada vez que concebimos una nueva identidad o realidad para nosotros mismos, habitamos ese estado. Sin embargo, por la ley del ser, también nos vemos impulsados a ir más allá de nuestras limitaciones actuales y expandirnos hacia concepciones mayores. La capacidad de trascender permite un crecimiento continuo, empujándonos a darnos cuenta de posibilidades más elevadas y verdades más profundas sobre nuestra naturaleza.

-

6. ¿Qué significa la frase "Yo habito dentro de cada concepción de mí mismo"?

- **Respuesta:** Esto significa que el "YO SOY" o la conciencia incondicionada existe dentro de todas las ideas, identidades y creencias que tenemos sobre nosotros mismos. Cada concepción es un estado o forma temporal a través del cual el "YO SOY" se experimenta a sí mismo. Estas concepciones no están separadas del "YO SOY", sino que son expresiones de él. Sin embargo, el "YO SOY" permanece informe y trascendente, capaz de evolucionar más allá de cualquier concepción particular.

-

7. ¿Cómo describe este capítulo la relación entre la creencia y el ser?

- **Respuesta:** El capítulo sugiere que las creencias moldean el ser. Lo que creemos sobre nosotros mismos determina lo que llegamos a ser y lo que experimentamos. Nuestras creencias actúan como el modelo de nuestra realidad, obligándonos a manifestar las condiciones que se alinean con ellas. Esta relación entre las creencias y el ser subraya el poder de la imaginación y la autoconcepción en el proceso creativo.

CAPÍTULO DOS

DECRETARÁS

Así será mi palabra que sale de mi boca; no volverá a mí vacía, sino que hará lo que yo quiero, y prosperará en aquello para lo cual la envié.
ISAÍAS 55:11

El hombre puede decretar una cosa y se cumplirá.

El hombre siempre ha decretado lo que ha aparecido en su mundo. Hoy está decretando lo que está apareciendo en su mundo y continuará haciéndolo mientras el hombre tenga conciencia de ser hombre.

Nunca ha aparecido en el mundo del hombre nada que no haya sido decretado por el hombre. Esto puedes negarlo, pero por mucho que lo intentes no puedes refutarlo, porque este decreto se basa en un principio inmutable. El hombre no ordena que las cosas aparezcan por medio de sus palabras que son, la mayoría de las veces, una confesión de sus dudas y temores. Se decreta siempre en conciencia.

Todo hombre expresa automáticamente lo que es consciente de ser. Sin esfuerzo ni uso de palabras, en todo momento, el hombre se ordena a sí mismo ser y poseer lo que es consciente de ser y poseer.

Este principio inmutable de expresión está dramatizado en todas las Biblias del mundo. Los escritores de nuestros libros sagrados eran místicos iluminados, maestros en el arte de la psicología. Al contar la historia del alma, personificaron este principio impersonal en forma de documento histórico, tanto para preservarlo como para ocultarlo a los ojos de los no iniciados.

Hoy en día, aquellos a quienes se ha confiado este gran tesoro, es decir, los sacerdocios del mundo, han olvidado que las Biblias son dramas psicológicos que representan la conciencia del hombre; en su ciego olvido, ahora enseñan a sus seguidores a adorar a sus personajes como hombres y mujeres que realmente vivieron en el tiempo y el espacio.

Cuando el hombre vea la Biblia como un gran drama psicológico con todos sus personajes y actores como las cualidades y atributos personificados de su propia conciencia, entonces -y sólo entonces- la Biblia le revelará la luz de su simbología. Este principio impersonal de vida que hizo todas las cosas está personificado como Dios. Este Señor Dios, creador del cielo y de la tierra, se descubre como la conciencia del ser del hombre. Si el hombre estuviera menos atado por la ortodoxia y fuera más intuitivamente observador, no podría dejar de notar en la lectura de las Biblias que la conciencia del ser se revela cientos de veces a lo largo de esta literatura. Por citar algunas: "YO SOY me ha enviado a vosotros". "Estad quietos y conoced que YO SOY Dios". "YO SOY el Señor y no hay Dios". "YO SOY el pastor". "YO SOY la puerta". "YO SOY la resurrección y la vida". "YO SOY el camino". "YO SOY el principio y el fin".

YO SOY; la conciencia incondicionada del ser del hombre se revela como Señor y creador de todo estado condicionado del ser. Si el hombre renunciara a su creencia en un Dios aparte de sí mismo, reconociera que su conciencia de ser es Dios (esta conciencia se modela a sí misma a semejanza e imagen de la concepción que tiene de sí misma), transformaría su mundo de un yermo estéril en un campo fértil de su agrado.

El día que el hombre haga esto, sabrá que él y su Padre son uno, pero que su Padre es más grande que él. Sabrá que su conciencia de ser es una con aquello de lo que tiene conciencia de ser, pero que su conciencia incondicionada de ser es mayor que su estado condicionado o su concepción de sí mismo.

Cuando el hombre descubra que su conciencia es el poder impersonal de expresión, poder que se personifica eternamente en sus concepciones de sí mismo, asumirá y se apropiará de ese estado de conciencia que desea expresar; al hacerlo, se convertirá en ese estado en expresión.

"Decretaréis una cosa y se cumplirá" puede decirse ahora de esta manera: Serás consciente de ser o poseer una cosa y expresarás o poseerás lo que eres consciente de ser.

La ley de la conciencia es la única ley de expresión. "YO SOY el camino". "YO SOY la resurrección". La conciencia es el camino así como el poder que resucita y expresa todo lo que el hombre será siempre consciente de ser.

Apártate de la ceguera del hombre no iniciado que intenta expresar y poseer aquellas cualidades y cosas de las que no es consciente de ser y poseer; y sé como el místico iluminado que decreta sobre la base de esta ley inmutable. Afirma conscientemente que eres aquello que buscas; apropia la conciencia de aquello que ves; y tú también conocerás la condición del verdadero místico, como sigue:

Tomé conciencia de serlo. Sigo siendo consciente de serlo. Y seguiré siendo consciente de serlo hasta que lo que soy consciente de ser se exprese perfectamente.

Sí, decretaré una cosa y se realizará.

PREGUNTAS Y RESPUESTAS DE REFLEXIÓN

1. ¿Qué significa "decretar" una cosa, según este capítulo?

- **Respuesta:** "Decretar" algo significa tomar conciencia de ser o poseer esa cosa. No se trata simplemente de pronunciar palabras, sino de la conciencia y la creencia internas que se alinean con el estado que uno desea manifestar. Decretar ocurre en el nivel de la conciencia, donde la autoconcepción de uno mismo moldea directamente la realidad.

-

2. ¿Cómo diferencia este capítulo entre las palabras habladas y el verdadero acto de decretar?

- **Respuesta:** El capítulo sugiere que las palabras habladas reflejan a menudo dudas o temores, mientras que el verdadero decreto se produce en la conciencia. Es la orden silenciosa del yo a través de la creencia y la conciencia, no sólo a través de la afirmación verbal. Lo que importa no son las palabras, sino lo que realmente creemos y sentimos que somos.

-

3. ¿Qué papel juega la conciencia en la configuración de nuestra realidad?

- **Respuesta:** La conciencia es el poder creativo que se encuentra detrás de toda expresión y manifestación. El capítulo explica que la conciencia del ser del hombre es lo que da origen a sus experiencias y al mundo en el que habita. Al ser consciente de ciertos estados de ser o de poseer, el hombre automáticamente expresa y experimenta esos estados.

-

4. ¿Por qué el capítulo describe la Biblia como un drama psicológico, y cómo esta perspectiva cambia su interpretación?

- **Respuesta:** El capítulo describe la Biblia como un drama psicológico porque ve a los personajes y las historias como personificaciones de diferentes estados de conciencia. Esta perspectiva cambia la interpretación de la Biblia de los acontecimientos históricos a las representaciones simbólicas del funcionamiento interno de la mente humana. Revela verdades espirituales más profundas sobre cómo la conciencia crea la realidad.

-

5. ¿Cómo se relaciona la conciencia incondicionada del ser del hombre con el concepto de Dios en este capítulo?

- **Respuesta:** La conciencia incondicionada del ser del hombre se describe como el creador, el Señor Dios, quien trae a la existencia todos los estados condicionados. Esta conciencia, que es el "YO SOY", es la fuente de la que surgen todas las identidades y experiencias individuales. El capítulo sugiere que Dios no es una fuerza externa, sino más bien la conciencia impersonal que hay dentro de cada persona.

-

6. ¿Cuál es el significado de la afirmación: "Tomarás conciencia de ser o poseer una cosa y expresarás o poseerás aquello que eres consciente de ser"?

- Respuesta: Esta afirmación resume la ley de la conciencia. Hace hincapié en que todo aquello de lo que nos damos cuenta o que creemos ser, lo acabaremos expresando o experimentando. Nuestra conciencia determina directamente la realidad en la que vivimos. Al cambiar nuestro estado interior, podemos provocar los cambios deseados en nuestro mundo exterior.

-

7. ¿Qué significa que "el hombre y su Padre son uno, pero su Padre es mayor que él"?

- Respuesta: Esta afirmación se refiere a la relación entre el estado de ser condicionado del hombre y su conciencia incondicionada. El "Padre" representa la conciencia mayor, sin forma, de la que surgen todas las formas. Si bien el estado actual del hombre (su identidad o concepción de sí mismo) es una expresión de esta conciencia, la conciencia incondicionada es siempre mayor porque contiene el potencial de expresiones infinitas.

-

8. ¿Cómo se pueden aplicar los principios de este capítulo para transformar el mundo?

- Respuesta: Se pueden aplicar estos principios identificándose conscientemente con el estado que se desea experimentar. En lugar de centrarse en las condiciones externas, la clave es asumir la sensación de ser o poseer el resultado deseado. Al mantener esta convicción interna, uno expresará y manifestará naturalmente ese estado en su realidad.

-

9. ¿Por qué el capítulo enfatiza la importancia de alejarnos de la "ceguera del hombre no iniciado"?

- **Respuesta:** La "ceguera del hombre no iniciado" se refiere a la tendencia a buscar resultados externos sin cultivar primero el correspondiente estado de conciencia interior. El capítulo subraya que la verdadera creación ocurre en el interior y que sin la conciencia de ser o poseer algo, los esfuerzos externos son inútiles. El "místico iluminado" comprende esta ley y decreta desde dentro.

-

10. ¿Cuál es el mensaje final del capítulo respecto al poder de la conciencia y el decreto?

- **Respuesta:** El mensaje final es que la conciencia es la única ley de expresión y que al decretar conscientemente (reclamar y asumir el estado de ser deseado), uno tiene el poder de hacerlo realidad. El capítulo anima a los lectores a reconocer su conciencia como la fuente de toda creación y a alinearse conscientemente con las cualidades y condiciones que desean expresar.

CAPÍTULO TRES

EL PRINCIPIO DE LA VERDAD

Conoceréis la verdad, y la verdad os hará libres.
JUAN 8:32

Conoceréis la verdad y la verdad os hará libres".

La verdad que hace libre al hombre es el conocimiento de que su conciencia es la resurrección y la vida, que su conciencia resucita y da vida a todo lo que tiene conciencia de ser. Aparte de la conciencia no hay ni resurrección ni vida.

Cuando el hombre abandone su creencia en un Dios aparte de sí mismo y empiece a reconocer que su conciencia de ser es Dios, como hicieron Jesús y los profetas, transformará su mundo con la comprensión: "Yo y mi Padre somos uno, pero mi Padre es mayor que yo". Sabrá que su conciencia es Dios y que lo que tiene conciencia de ser es el hijo que da testimonio de Dios, el Padre.

El concebidor y la concepción son uno, pero el concebidor es mayor que su concepción. Antes de que Abraham fuera YO SOY. Sí, tenía conciencia de ser antes de tener conciencia de ser hombre, y en aquel día en que deje de tener conciencia de ser hombre seguiré teniendo conciencia de ser.

La conciencia de ser no depende de ser nada. Precedió a todas las concepciones de sí misma y será cuando todas las concepciones de sí misma dejen de ser. "YO SOY el principio y el fin". Es decir, todas las cosas o concepciones de mí mismo comienzan y terminan en mí, pero yo, la conciencia sin forma, permanezco para siempre.

Jesús descubrió esta gloriosa verdad y se declaró uno con Dios, no con el Dios que el hombre había creado, pues nunca reconoció a tal Dios. Jesús descubrió que Dios era Su conciencia de ser y así le dijo al hombre que el Reino de Dios y el Cielo estaban en su interior.

Cuando se dice que Jesús dejó el mundo y fue a Su Padre, se está diciendo simplemente que apartó Su atención del mundo de los sentidos y elevó Su conciencia al nivel que deseaba expresar. Allí permaneció hasta que se hizo uno con la conciencia a la que había ascendido. Cuando regresó al mundo de los hombres, pudo actuar con la seguridad positiva de lo que era consciente de ser, un estado de conciencia que nadie más que Él sentía o sabía que poseía. El hombre que ignora esta ley eterna de expresión considera tales acontecimientos como milagros.

Elevarse en conciencia hasta el nivel de la cosa deseada y permanecer allí hasta que tal nivel se convierta en tu naturaleza es el camino de todos los milagros aparentes. "Y yo, si soy elevado, atraeré a todos hacia mí". Si me elevo en conciencia hasta la naturalidad de la cosa deseada, atraeré hacia mí la manifestación de ese deseo.

"Nadie viene a mí si el Padre que está en mí no lo atrae, y yo y mi Padre somos uno". Mi conciencia es el Padre que atrae hacia mí la manifestación de la vida. La naturaleza de la manifestación está determinada por el estado de conciencia en el que habito. Siempre estoy atrayendo a mi mundo aquello que soy consciente de ser.

Si no estás satisfecho con tu actual expresión de vida, entonces debes nacer de nuevo. Renacer es abandonar el nivel con el que estás insatisfecho y elevarte al nivel de conciencia que deseas expresar y poseer.

No puedes servir a dos maestros o estados de conciencia opuestos al mismo tiempo. Si quitas tu atención de un estado y la pones en el otro, mueres para aquel del que la has quitado y vives y expresas aquel con el que estás unido.

El hombre no puede ver cómo sería posible expresar aquello que desea ser mediante una ley tan simple como adquirir la conciencia de la cosa deseada. La razón de esta falta de fe por parte del hombre es que mira el estado deseado a través de la conciencia de sus limitaciones actuales. Por lo tanto, naturalmente lo ve como imposible de lograr.

Una de las primeras cosas que el hombre debe comprender es que es imposible, al tratar con esta ley espiritual de la conciencia, poner vino nuevo en botellas viejas o remiendos nuevos en ropas viejas. Es decir, no se puede llevar ninguna parte de la conciencia actual al nuevo estado. Porque el estado buscado es completo en sí mismo y no necesita remiendos. Cada nivel de conciencia se expresa automáticamente.

Elevarse al nivel de cualquier estado es convertirse automáticamente en ese estado en expresión. Pero, para elevarte al nivel que ahora no estás expresando, debes abandonar completamente la conciencia con la que ahora estás identificado. Hasta que no abandones tu conciencia actual, no podrás elevarte a otro nivel. No te desanimes. Este abandono de tu identidad actual no es tan difícil como podría parecer. La invitación de las escrituras, "Ausentarse del cuerpo y estar presente con el Señor", no se hace a unos pocos elegidos; es una llamada general a toda la humanidad. El cuerpo del que se te invita a escapar es tu concepción actual de ti mismo con todas sus limitaciones, mientras que el Señor con el que has de estar presente es tu conciencia de ser.

Para lograr esta hazaña aparentemente imposible, aleja tu atención de tu problema y ponla en simplemente ser. Dices en silencio pero con sentimiento: "YO SOY". No condiciones esta conciencia sino continúa declarando en silencio: "YO SOY-YO SOY". Simplemente siente que no tienes rostro ni forma y continúa haciéndolo hasta que te sientas flotando.

"Flotar" es un estado psicológico que niega completamente lo físico. A través de la práctica de la relajación y negándose voluntariamente a reaccionar a las impresiones sensoriales, es posible desarrollar un estado de conciencia de pura receptividad. Es un logro sorprendentemente fácil. En este estado de completo desapego, puede grabarse indeleblemente en tu conciencia no modificada una definida unicidad de pensamiento con propósito. Este estado de conciencia es necesario para la verdadera meditación.

Esta maravillosa experiencia de elevarse y flotar es la señal de que estás ausente del cuerpo o problema y ahora estás presente con el Señor; en este estado expandido no eres consciente de ser nada más que YO SOY-YO SOY; sólo eres consciente de ser.

Cuando se alcanza esta expansión de conciencia, dentro de esta profundidad sin forma de ti mismo, da forma a la nueva concepción reclamando y sintiéndote ser aquello que, antes de entrar en este estado, deseabas ser. Encontrarás que dentro de esta profundidad sin forma de ti mismo todas las cosas parecen ser divinamente posibles. Cualquier cosa que sinceramente sientas que eres mientras estás en este estado expandido se convierte, con el tiempo, en tu expresión natural.

Y Dios dijo: "Que haya un firmamento en medio de las aguas". Sí, que haya una firmeza o convicción en medio de esta conciencia expandida al saber y sentir YO SOY eso, la cosa deseada.

A medida que afirmas y sientes que eres la cosa deseada, estás cristalizando esta luz líquida sin forma que eres en la imagen y semejanza de aquello que eres consciente de ser.

Ahora que la ley de tu ser te ha sido revelada, comienza este día a cambiar tu mundo revalorizándote a ti mismo. Demasiado tiempo se ha aferrado el hombre a la creencia de que ha nacido de la tristeza y debe labrarse su salvación con el sudor de su frente. Dios es impersonal y no hace acepción de personas. Mientras el hombre continúe caminando en esta creencia de dolor, tanto tiempo caminará en un mundo de dolor y confusión, porque el mundo en cada uno de sus detalles es la conciencia del hombre cristalizada.

En el Libro de los Números se registra: "Había gigantes en la tierra y nosotros éramos a nuestros propios ojos como saltamontes, y a los ojos de ellos éramos como saltamontes."

Hoy es el día, el eterno ahora, cuando las condiciones en el mundo han alcanzado la apariencia de gigantes. Los desempleados, los ejércitos del enemigo, la competencia comercial, etc., son los gigantes que te hacen sentir como un saltamontes indefenso.

Se nos dice que al principio éramos, a nuestra propia vista, saltamontes indefensos y que, a causa de esta concepción de nosotros mismos, éramos para el enemigo saltamontes indefensos.

Sólo podemos ser para los demás lo que somos para nosotros mismos. Por eso, a medida que nos revalorizamos y empezamos a sentirnos el gigante, un centro de poder, cambiamos automáticamente nuestra relación con los gigantes, reduciendo a estos antiguos monstruos a su verdadero lugar, haciendo que parezcan los indefensos saltamontes.

Pablo dijo de este principio: "Para los griegos (o los llamados sabios del mundo) es necedad; y para los judíos (o los que buscan señales), tropezadero"; con el resultado de que el hombre sigue caminando en las tinieblas en vez de despertar a la comprensión: "YO SOY la luz del mundo".

El hombre ha adorado durante tanto tiempo las imágenes de su propia creación que al principio esta revelación le parece blasfema, pero el día que el hombre descubre y acepta este principio como base de su vida, ese día el hombre da muerte a su creencia en un Dios aparte de sí mismo.

La historia de la traición de Jesús en el Huerto de Getsemaní es la ilustración perfecta del descubrimiento de este principio por el hombre. Se nos dice que la multitud, armada de palos y linternas, buscaba a Jesús en la oscuridad de la noche. Mientras preguntaban por el paradero de Jesús (la salvación), la voz respondió: "YO SOY"; entonces toda la multitud cayó al suelo. Al recobrar la compostura volvieron a pedir que se les mostrara el escondite del salvador y de nuevo el salvador dijo: "Os he dicho que YO SOY, por tanto, si me buscáis dejad todo lo demás".

El hombre, en la oscuridad de la ignorancia humana, emprende la búsqueda de Dios, ayudado por la luz vacilante de la sabiduría humana. Cuando se le revela al hombre que su YO SOY o conciencia del ser es su salvador, la conmoción es tan grande que mentalmente cae al suelo, pues toda creencia que haya albergado se derrumba al darse cuenta de que su conciencia es el único salvador. El conocimiento de que su YO SOY es Dios obliga al hombre a dejar ir a todos los demás, ya que le resulta imposible servir a dos Dioses. El hombre no puede aceptar su conciencia de ser como Dios y al mismo tiempo creer en otra deidad.

Con este descubrimiento el oído humano del hombre o la audición (entendimiento) es cortado por la espada de la fe (Pedro) mientras su perfecta audición disciplinada (entendimiento) es restaurada por (Jesús) el conocimiento de que YO SOY es Señor y Salvador.

Antes de que el hombre pueda transformar su mundo, primero debe poner este fundamento o entendimiento. YO SOY el Señor. El hombre debe saber que su conciencia de ser es Dios. Hasta que esto esté firmemente establecido de modo que ninguna sugerencia o argumento de otros pueda sacudirlo, se encontrará regresando a la esclavitud de su creencia anterior. "Si no creéis que YO SOY, moriréis en vuestros pecados". A menos que el hombre descubra que su conciencia es la causa de cada expresión de su vida, continuará buscando la causa de su confusión en el mundo de los efectos, y así morirá en su infructuosa búsqueda.

"YO SOY la vid y vosotros los sarmientos". La conciencia es la vid y lo que tú eres consciente de ser es como ramas que alimentas y mantienes vivas. Así como una rama no tiene vida a menos que esté enraizada en la vid, del mismo modo las cosas no tienen vida a menos que seas consciente de ellas. Del mismo modo que una rama se marchita y muere si la savia de la vid deja de fluir hacia ella, así las cosas y las cualidades pasan si apartas tu atención de ellas; porque tu atención es la savia de la vida que sostiene la expresión de tu vida.

PREGUNTAS Y RESPUESTAS DE REFLEXIÓN

1. ¿Cuál es la "verdad" que hace libre al hombre, según este capítulo?

- **Respuesta:** La verdad que libera al hombre es la comprensión de que la conciencia es la fuente de toda creación, resurrección y vida. La conciencia que tiene el hombre de ser es Dios, y este reconocimiento le permite transformar su realidad alineándose con el estado de conciencia que desea expresar.

-

2. ¿Qué significa cuando el capítulo dice: "Yo y el Padre uno somos, pero mi Padre es mayor que yo"?

- **Respuesta:** Esta afirmación se refiere a la unidad de la conciencia del hombre (el "yo") con la conciencia mayor, sin forma (el "Padre"). El "Padre" representa la conciencia incondicionada, que es la fuente de todas las cosas, mientras que el "yo" representa el estado condicionado o la autoconcepción. Aunque son uno, la conciencia incondicionada es siempre mayor porque abarca un potencial infinito más allá de cualquier identidad específica.

-

3. ¿Cómo podemos aplicar el principio de que la conciencia "resucita y hace vivo todo lo que el hombre es consciente de ser"?

- **Respuesta:** Para aplicar este principio, uno debe tomar conciencia de ser o poseer las cualidades y circunstancias que desea. Al aferrarse constantemente a esta conciencia y vivir desde la sensación de ya ser o tener ese estado, el hombre lo expresa. Este cambio de conciencia es lo que "resucita" el estado deseado y lo convierte en realidad.

-

4. ¿Cómo reinterpreta el capítulo la salida de Jesús del mundo y su regreso al Padre?

- **Respuesta:** La partida de Jesús y su regreso al Padre simbolizan el alejamiento del mundo físico y sensorial y la elevación de la conciencia a un estado superior. Al enfocarnos en nuestro interior e identificarnos con un estado de conciencia deseado, nos volvemos uno con ese estado y podemos expresarlo en el mundo físico. Es una transformación interior más que un viaje físico.

-

5. ¿Cuál es el significado de la declaración: "Si fuere levantado, a todos atraeré a mí mismo"?

- **Respuesta:** Esto significa que cuando una persona eleva su conciencia a un estado superior, como el estado del resultado deseado, atraerá y atraerá naturalmente la manifestación de ese estado hacia sí misma. El mundo exterior se ajusta al estado interior del ser.

-

6. ¿Por qué es importante "morir" en un estado de conciencia antes de "vivir" en otro?

- **Respuesta:** Para encarnar plenamente un nuevo estado de conciencia, uno debe desprenderse de su identidad o estado de ser actual. Aferrarse a viejas creencias o limitaciones impide que uno se eleve a un nivel superior. El capítulo explica que esta "muerte" es necesaria para la transformación, ya que uno no puede servir a dos estados de conciencia en conflicto simultáneamente.

-

7. ¿Cómo se puede desarrollar el estado de conciencia "flotante" descrito en el capítulo?

- **Respuesta:** El estado de conciencia flotante se logra mediante la relajación y el desapego de las sensaciones y problemas físicos. Al concentrarse en la conciencia pura del "YO SOY" y evitar cualquier condicionamiento o forma específica, uno entra en un estado de receptividad y apertura, permitiendo que nuevas concepciones del yo se impriman en la conciencia.

-

8. ¿Qué papel juega la fe en la transformación de la conciencia, según este capítulo?

- **Respuesta:** La fe es esencial para transformar la conciencia porque permite creer en la posibilidad de convertirse en lo que se desea, incluso cuando la evidencia externa sugiere lo contrario. El capítulo enfatiza que la duda surge cuando el hombre ve sus deseos desde las limitaciones de su conciencia actual. La fe lo ayuda a elevarse por encima de estas limitaciones y abrazar el nuevo estado.

-

9. ¿Cuál es el significado del pasaje: "Estar ausente del cuerpo y estar presente con el Señor"?

- **Respuesta:** Este pasaje significa abandonar la propia concepción actual de uno mismo o las limitaciones ("el cuerpo") y alinearse con la conciencia del ser ("el Señor"). Se refiere a trascender la identidad actual y entrar en un estado de conciencia pura, donde uno puede adoptar una nueva identidad o estado de ser.

-

10. ¿Cómo puede el hombre vencer a los "gigantes" del mundo y transformar sus circunstancias?

- **Respuesta:** El hombre puede vencer a los "gigantes" de la vida –como los problemas o los obstáculos– revalorizándose a sí mismo. En lugar de verse como débil o impotente ("un saltamontes"), debe verse como poderoso y capaz. Al cambiar su autoconcepción interior, cambia su relación con los desafíos externos, haciéndolos parecer menos formidables.

-

11. ¿Qué revela el capítulo acerca del poder de la atención para sostener la vida y las condiciones?

- **Respuesta:** El capítulo revela que la atención es como la "savia de la vida" que sostiene todo en la experiencia de una persona. Al centrar la atención en una cualidad o condición particular, la mantenemos viva. Por el contrario, al retirar la atención, esa condición o cualidad se desvanece, lo que ilustra el poder creativo de la conciencia enfocada.

12. ¿Qué quiere decir el capítulo cuando afirma: "El hombre ha adorado durante mucho tiempo las imágenes de su propia creación"?

- **Respuesta:** Esta frase se refiere a la tendencia del hombre a atribuir poder a fuerzas externas o deidades, en lugar de reconocer que estas "imágenes" son el resultado de su propia conciencia. El capítulo llama al hombre a comprender que su conciencia de ser es la verdadera fuente de la creación, no los ídolos o ideas externas.

CAPITULO CUATRO
¿A QUIÉN BUSCÁIS?

**Os he dicho que YO SOY; si, pues, me buscáis, dejad
que éstos sigan su camino.
JUAN 18:8**

**En cuanto les dijo: YO SOY, retrocedieron y cayeron al
suelo.
JUAN 18:6**

Hoy en día se habla tanto de Maestros, Hermanos Mayores, Adeptos e iniciados, que innumerables buscadores de la verdad son constantemente engañados al buscar estas falsas luces. Por un precio, la mayoría de estos pseudo-maestros ofrecen a sus estudiantes la iniciación en los misterios, prometiéndoles guía y dirección. La debilidad del hombre por los líderes, así como su adoración a los ídolos, lo convierten en presa fácil de estas escuelas y maestros. A la mayoría de estos alumnos matriculados les vendrá el bien; descubrirán tras años de espera y sacrificios que estaban siguiendo un espejismo. Entonces se desilusionarán de sus escuelas y maestros, y esta desilusión valdrá el esfuerzo y el precio que han pagado por su búsqueda infructuosa. Entonces se apartarán de su adoración al hombre y, al hacerlo, descubrirán que lo que buscan no se encuentra en otro, pues el Reino de los Cielos está en su interior. Esta comprensión será su primera iniciación real. La lección aprendida será ésta: Sólo hay un Maestro y este Maestro es Dios, el YO SOY dentro de ellos mismos.

"YO SOY el Señor tu Dios que te sacó de la tierra de las tinieblas; de la casa de servidumbre". YO SOY, tu conciencia, es Señor y Maestro y fuera de tu conciencia no hay ni Señor ni Maestro. Tú eres el Amo de todo lo que serás consciente de ser.

Sabes que lo eres, ¿verdad? Saber que eres es el Señor y Maestro de lo que sabes que eres. Podrías estar completamente aislado por el hombre de lo que eres consciente de ser; sin embargo, a pesar de todas las barreras humanas, atraerías sin esfuerzo hacia ti todo lo que fueras consciente de ser. El hombre que tiene conciencia de ser pobre no necesita la ayuda de nadie para expresar su pobreza. El hombre que tiene conciencia de estar enfermo, aunque esté aislado en el lugar más herméticamente cerrado a prueba de gérmenes del mundo, expresaría la enfermedad.

No hay barrera para Dios, porque Dios es tu conciencia de ser. Independientemente de lo que seas consciente de ser, puedes expresarlo y lo expresas sin esfuerzo. Deja de buscar al Maestro para que venga; él está siempre contigo. "YO ESTOY con vosotros todos los días hasta el fin del mundo".

De vez en cuando sabrás que eres muchas cosas, pero no necesitas ser nada para saber que lo eres. Puedes, si así lo deseas, desenredarte del cuerpo que llevas; al hacerlo te das cuenta de que eres una conciencia sin rostro, sin forma, y que no dependes de la forma que eres en tu expresión. Sabrás que eres; también descubrirás que este saber que eres es Dios, el Padre, que precedió a todo lo que alguna vez supiste que eras. Antes de que el mundo existiera eras consciente de ser y por eso decías "YO SOY", y YO SOY será, después de que todo lo que sabes que eres deje de ser.

No hay Maestros Ascendidos. Destierra esta superstición. Siempre te elevarás de un nivel de conciencia (maestro) a otro; al hacerlo manifiestas el nivel ascendido, expresando esta conciencia recién adquirida.

Siendo la conciencia Señor y Maestro, tú eres el Maestro Mago conjurando aquello que ahora eres consciente de ser. "Porque Dios (la conciencia) llama a las cosas que no son como si fueran": Las cosas que ahora no se ven se verán en el momento en que seas consciente de ser lo que ahora no se ve.

Esta elevación de un nivel de conciencia a otro es la única ascensión que experimentarás jamás. Ningún hombre puede elevarte al nivel que deseas. El poder de ascender está dentro de ti; es tu conciencia. Te apropias de la conciencia del nivel que deseas expresar afirmando que ahora estás expresando tal nivel. Esta es la ascensión. Es ilimitada, porque nunca agotarás tu capacidad de ascender. Aléjate de la superstición humana de la ascensión con su creencia en maestros, y encuentra al único y eterno maestro dentro de ti mismo.

"Mucho mayor es el que está en ti que el que está en el mundo". Cree en esto. No continúes en la ceguera, siguiendo el espejismo de los maestros. Te aseguro que tu búsqueda sólo puede acabar en decepción.

"Si me niegas (tu conciencia de ser) yo también te negaré". "No tendrás otro Dios fuera de MÍ". "Estad quietos y conoced que YO SOY Dios". "Ven a probarme y verás si no te abro las ventanas del Cielo y te derramo una bendición, que no habrá espacio suficiente para recibirla".

¿Crees que el YO SOY es capaz de hacer esto? Entonces reclámame para ser aquello que quieres ver derramado. Reclámate a ti mismo para ser lo que quieres ser y lo que serás. No por maestros te lo daré, sino, porque me has reconocido (a ti mismo) ser eso, te lo daré porque YO SOY todas las cosas para todos.

Jesús no permitió que le llamaran Buen Maestro. Sabía que no hay más que un solo bueno y un solo maestro. Él sabía que éste era Su Padre en el Cielo, la conciencia del ser. "El Reino de Dios (el Bien) y el Reino de los Cielos están dentro de ti.

Tu creencia en amos es una confesión de tu esclavitud. Sólo los esclavos tienen amos. Cambia tu concepción de ti mismo y, sin la ayuda de amos ni de nadie, transformarás automáticamente tu mundo para que se ajuste a tu nueva concepción de ti mismo.

En el Libro de los Números se nos dice que hubo un tiempo en que los hombres eran a sus propios ojos como saltamontes y debido a esta concepción de sí mismos veían gigantes en la tierra. Esto es tan cierto del hombre de hoy como lo fue el día en que fue registrado. La concepción que el hombre tiene de sí mismo es tan semejante a la de un saltamontes que automáticamente hace que las condiciones que le rodean parezcan gigantescas; en su ceguera clama por maestros que le ayuden a luchar contra sus gigantescos problemas.

Jesús trató de mostrar al hombre que la salvación estaba dentro de sí mismo y le advirtió que no buscara a su salvador en lugares o personas.

Si alguien viene diciendo mira aquí o mira allá, no le creas, porque el Reino de los Cielos está dentro de ti.

Jesús no sólo se negó a permitir que le llamaran Buen Maestro, sino que advirtió a sus seguidores: "No saludéis a nadie por el camino". Dejó claro que no debían reconocer ninguna autoridad o superior que no fuera Dios, el Padre.

Jesús estableció la identidad del Padre como conciencia de ser del hombre. "Yo y mi Padre somos uno, pero mi Padre es mayor que yo". YO SOY uno con todo lo que tengo conciencia de ser. YO SOY mayor que aquello de lo que tengo conciencia de ser. El creador es siempre mayor que su creación.

"Como Moisés levantó la serpiente en el desierto, así tiene que ser levantado el Hijo del Hombre". La serpiente simboliza la concepción actual del hombre como gusano del polvo, que vive en el desierto de la confusión humana. Así como Moisés se levantó de su concepción de sí mismo como gusano del polvo para descubrir que Dios era su conciencia de ser, "YO SOY me ha enviado", así tú debes ser levantado. El día que afirmes, como Moisés, "YO SOY EL QUE SOY", ese día tu afirmación florecerá en el desierto.

Tu conciencia es el mago maestro que conjura todas las cosas siendo aquello que conjuraría. Este Señor y Maestro que eres puede hacer y hace aparecer en tu mundo todo lo que eres consciente de ser.

"Nadie (manifestación) viene a mí sin que mi Padre lo atraiga y yo y mi Padre somos uno". Constantemente estás atrayendo hacia ti lo que tienes conciencia de ser. Cambia tu concepción de ti mismo de la de esclavo a la de Cristo. No te avergüences de hacer esta afirmación; sólo en la medida en que afirmes: "YO SOY Cristo", harás las obras de Cristo.

"Las obras que yo hago, vosotros también las haréis; y mayores que éstas haréis, porque yo voy al Padre". "Se hizo igual a Dios y no le pareció robo hacer las obras de Dios". Jesús sabía que cualquiera que se atreviera a autoproclamarse Cristo asumiría automáticamente las capacidades para expresar las obras de su concepción de Cristo. Jesús también sabía que el uso exclusivo de este principio de expresión no le correspondía sólo a Él. Se refería constantemente a Su Padre celestial. Afirmó que Sus obras no sólo serían igualadas, sino que serían superadas por aquel hombre que se atreviera a concebirse más grande de lo que Él (Jesús) se había concebido a Sí mismo.

Jesús, al afirmar que Él y Su Padre eran uno, pero que Su Padre era mayor que Él, reveló que Su conciencia (Padre) era uno con lo que Él tenía conciencia de ser. El se encontro a Si mismo como Padre o conciencia de ser mayor que lo que El como Jesus estaba consciente de ser. Tú y tu concepción de ti mismo sois uno. Tú eres y siempre serás más grande que cualquier concepción que tengas de ti mismo.

El hombre no logra hacer las obras de Jesucristo porque intenta realizarlas desde su actual nivel de conciencia. Nunca trascenderás tus logros presentes a través del sacrificio y la lucha. Tu nivel actual de conciencia solo sera trascendido cuando abandones el estado actual y te eleves a un nivel superior.

Usted se eleva a un nivel superior de conciencia alejando su atención de sus limitaciones actuales y colocándola en aquello que desea ser. No lo intente soñando despierto o con ilusiones, sino de manera positiva. Afírmate a ti mismo para ser la cosa deseada. YO SOY eso; sin sacrificios, sin dietas, sin trucos humanos. Todo lo que se te pide es que aceptes tu deseo. Si te atreves a reclamarlo, lo expresarás.

Medita en esto. "No me regocijo en los sacrificios de los hombres. No por la fuerza ni por el poder, sino por mi espíritu. Pedid y recibiréis. Venid, comed y bebed sin precio".

Las obras están terminadas. Todo lo que se requiere de ti para que estas cualidades se expresen es la afirmación: YO SOY eso. Afírmate a ti mismo para ser lo que deseas ser y lo que serás. Las expresiones siguen a las impresiones, no las preceden. La prueba de que eres seguirá a la afirmación de que eres, no la precederá.

"Déjalo todo y sígueme" es una doble invitación para ti. Primero, te invita a alejarte completamente de todos los problemas y, después, te llama a seguir caminando en la afirmación de que eres aquello que deseas ser. No seas una mujer de Lot que mira hacia atrás y se queda salada o preservada en el pasado muerto. Sé un Lot que no mira hacia atrás, sino que mantiene su visión enfocada en la tierra prometida, lo deseado.

Haz esto y sabrás que has encontrado al maestro, al Maestro Mago, haciendo de lo invisible lo visible a través de la orden, "YO SOY AQUELLO".

PREGUNTAS Y RESPUESTAS DE REFLEXIÓN

1. ¿Cuál es el significado de la declaración "YO SOY" en el contexto de este capítulo?

- **Respuesta:** La frase "YO SOY" representa el reconocimiento de la propia conciencia como Dios. Es la comprensión de que nuestra conciencia de ser es la verdadera dueña y creadora de nuestra realidad. Cuando Jesús dice "YO SOY", enfatiza que no hay poder ni señor fuera de nosotros mismos, sólo la conciencia autoconsciente que crea nuestra experiencia.

-

2. ¿Por qué Neville sostiene que buscar Maestros fuera de uno mismo conduce a la desilusión?

- **Respuesta:** Neville explica que buscar amos o líderes externos nos convierte en esclavos, dependientes de fuerzas externas para la salvación o el crecimiento. El verdadero dominio está en el interior, en reconocer que el Reino de los Cielos, o el poder divino, reside en nuestra propia conciencia. Buscar externamente sólo retrasa esta comprensión, lo que conduce a una eventual decepción cuando el buscador se da cuenta de que el verdadero poder siempre estuvo en el interior.

-

3. ¿Cómo describe Neville el proceso de "ascensión"? ¿En qué se diferencia de la creencia común en la ascensión espiritual?

- **Respuesta:** Neville define la ascensión como el proceso de elevarse en conciencia de un estado de ser a otro, no como un evento físico o místico dirigido por fuerzas externas. La ascensión es simplemente el acto de reclamar un nivel superior de conciencia, identificarse con un estado deseado y encarnarlo. Esto contrasta con las ideas populares de ascensión espiritual, que a menudo implican una guía externa de supuestos maestros o experiencias místicas.

-

4. ¿Qué papel juega la autoconcepción en la configuración de la realidad según Neville?

- **Respuesta:** La autoconcepción es fundamental para la creación de la realidad. Según Neville, manifestamos aquello de lo que somos conscientes. Si nos concebimos como limitados, débiles o indignos, eso se convierte en nuestra experiencia. Sin embargo, al cambiar nuestra autoconcepción y alinearla con lo que deseamos ser, automáticamente atraemos esas experiencias a nuestra realidad. La conciencia es la maestra, y aquello de lo que somos conscientes se convierte en nuestra realidad vivida.

-

5. ¿Por qué Neville advierte que no hay que "mirar hacia atrás" como hizo la mujer de Lot? ¿Qué lección nos enseña esta referencia bíblica?

- **Respuesta:** Neville utiliza la historia de la mujer de Lot para ilustrar el peligro de vivir en el pasado. Mirar hacia atrás simboliza aferrarse a las limitaciones pasadas y a las viejas concepciones de uno mismo. Cuando hacemos esto, nos quedamos "salados", o atascados en nuestro viejo estado, incapaces de avanzar hacia el nuevo estado deseado. La lección es centrarse por completo en el futuro, en el estado de ser deseado, y confiar en que, al encarnar ese estado, se manifestará.

-

6. ¿Cómo sugiere Neville que uno debe reclamar el estado de ser deseado? ¿Qué pasos prácticos recomienda?

- **Respuesta:** Neville recomienda un enfoque simple pero profundo: afirmar "YO SOY aquello" que deseas ser. Esto significa identificarte completamente con tu estado deseado como si ya fuera cierto, sin buscar primero una validación o evidencia externa. Requiere alejarse de las limitaciones actuales, meditar sobre el estado deseado y afirmar constantemente que ya eres lo que deseas llegar a ser. No se requiere ningún esfuerzo externo ni sacrificio, solo la firme creencia y aceptación de que ya estás ahí.

-

7. ¿Qué quiere decir Neville cuando afirma: "Las obras están terminadas"?

- **Respuesta:** Cuando Neville afirma que "las obras están terminadas", se refiere a la idea de que todo lo que puedas desear ya existe en la conciencia. No hay necesidad de luchar ni esforzarse por nada porque todos los estados del ser están disponibles para ti en cualquier momento. Al reclamar y encarnar el estado deseado a través de tu conciencia de ser, se manifestará sin esfuerzo en tu realidad. El proceso creativo se completa tan pronto como aceptas y crees en tu nuevo estado.

CAPÍTULO CINCO

¿QUIÉN SOY YO?

Y vosotros, ¿quién decís que SOY?
MATEO. 16:15

YO SOY el Señor; ese es mi nombre; y mi gloria no la daré a otro". "YO SOY el Señor, el Dios de toda carne".

Este YO SOY dentro de ti, lector, esta conciencia, esta conciencia de ser, es el Señor, el Dios de toda Carne. YO SOY es Aquel que debe venir; deja de buscar a otro. Mientras creas en un Dios aparte de ti mismo seguirás transfiriendo el poder de tu expresión a tus concepciones, olvidando que tú eres el que concibe.

El poder de concebir y la cosa concebida son uno, pero el poder de concebir es mayor que la concepción. Jesús descubrió esta gloriosa verdad cuando declaró: "Yo y mi Padre somos uno, pero mi Padre es mayor que yo". La potencia que se concibe a sí misma como hombre es mayor que su concepción. Todas las concepciones son limitaciones del que las concibe.

"Antes que Abraham fuese, YO SOY". Antes de que el mundo fuera, YO SOY".

La conciencia precede a todas las manifestaciones y es el puntal sobre el que descansa toda manifestación. Para eliminar las manifestaciones todo lo que se requiere de ti, el concebidor, es apartar tu atención de la concepción. En lugar de "Ojos que no ven, corazón que no siente", en realidad es "Ojos que no sienten, corazón que no siente". La manifestación permanecerá a la vista sólo mientras tome la fuerza con la que el concebidor-YO SOY-originalmente la dotó para gastarse. Esto se aplica a toda la creación, desde el electrón infinitesimalmente pequeño hasta el universo infinitamente grande.

Estad quietos y sabed que YO SOY Dios. Sí, este mismo YO SOY, tu conciencia de ser, es Dios, el único Dios. YO SOY es el Señor, el Dios de toda Carne, de toda manifestación.

Esta presencia, tu conciencia incondicionada, no comprende ni principio ni fin; las limitaciones sólo existen en la manifestación. Cuando te des cuenta de que esta conciencia es tu ser eterno, sabrás que antes de que Abraham fuera, YO SOY.

Empieza a comprender por qué se te dijo: "Ve tú y haz tú lo mismo". Comienza ahora a identificarte con esta presencia, tu conciencia, como la única realidad. Todas las manifestaciones sólo parecen ser; tú como hombre no tienes otra realidad que la que tu ser eterno, YO SOY, cree ser.

"¿Quién decís que SOY?". Esta no es una pregunta formulada hace dos mil años. Es la eterna pregunta dirigida a la manifestación por el concebidor. Es tu verdadero yo, tu conciencia de ser, preguntándote a ti, su concepción actual de sí misma: "¿Quién crees que es tu conciencia?". Esta respuesta sólo puede definirse dentro de ti mismo, independientemente de la influencia de otro.

A YO SOY (tu verdadero yo) no le interesa la opinión del hombre. Todo su interés reside en tu convicción de ti mismo. ¿Qué dices del YO SOY dentro de ti? ¿Puedes responder y decir: "YO SOY Cristo"? Tu respuesta o grado de comprensión determinará el lugar que ocuparás en la vida.

¿Dices o crees ser un hombre de cierta familia, raza, nación, etc.? ¿Crees sinceramente esto de ti mismo? Entonces la vida, tu verdadero yo, hará que estas concepciones aparezcan en tu mundo y vivirás con ellas como si fueran reales.

"YO SOY la puerta". "YO SOY el camino". "YO SOY la resurrección y la vida". "Ningún hombre o manifestación viene a mi Padre sino por mí".

El YO SOY (tu conciencia) es la única puerta a través de la cual cualquier cosa puede pasar a tu mundo. Deja de buscar señales. Las señales siguen; no preceden. Empieza a invertir la afirmación "Ver para creer" por "Creer para ver". Empieza ahora a creer, no con la vacilante confianza basada en engañosas pruebas externas, sino con una confianza impertérrita basada en la inmutable ley de que puedes ser aquello que deseas ser. Descubrirás que no eres una víctima del destino, sino una víctima de la fe (la tuya).

Sólo a través de una puerta puede lo que buscas pasar al mundo de la manifestación. YO SOY la puerta. Tu conciencia es la puerta, así que debes ser consciente de ser y tener aquello que deseas ser y tener. Cualquier intento de realizar tus deseos de otra manera que no sea a través de la puerta de la conciencia, te convierte en un ladrón y un ladrón para ti mismo. Cualquier expresión que no sea sentida es antinatural. Antes de que algo aparezca, Dios, YO SOY, se siente a sí mismo como la cosa deseada; y entonces la cosa sentida aparece. Es resucitado, levantado de la nada.

YO SOY rico, pobre, sano, enfermo, libre, confinado fueron primero impresiones o condiciones sentidas antes de convertirse en expresiones visibles. Tu mundo es tu conciencia objetivada. No pierdas tiempo tratando de cambiar el exterior; cambia el interior o la impresión; y el exterior o la expresión se encargará de sí misma. Cuando te des cuenta de la verdad de esta afirmación, sabrás que has encontrado la palabra perdida o la llave de todas las puertas. YO SOY (tu conciencia) es la palabra mágica perdida que se hizo carne a semejanza de lo que eres consciente de ser.

YO SOY Él. Ahora mismo te estoy ensombreciendo a ti, lector, mi templo viviente, con mi presencia, instándote a una nueva expresión. Tus deseos son mis palabras habladas. Mis palabras son espíritu y son verdaderas y no volverán a mí vacías, sino que cumplirán aquello a lo que han sido enviadas. No son algo para ser elaborado. Son vestiduras que yo, tu ser sin rostro y sin forma, uso. He aquí. Yo, vestido con tu deseo, estoy a la puerta (tu conciencia) y llamo. Si oyes mi voz y me abres (me reconoces como tu salvador) entraré en tu casa y cenaré contigo y tú conmigo.

Cómo se cumplirán mis palabras, tus deseos, no es asunto tuyo. Mis palabras tienen un camino que desconocéis. Sus caminos ya no se pueden descubrir. Todo lo que se requiere de ti es que creas. Creed que vuestros deseos son prendas que viste vuestro salvador. Tu creencia de que ahora eres aquello que deseas ser es prueba de tu aceptación de los dones de la vida. Habéis abierto la puerta para que vuestro Señor, vestido con vuestro deseo, entre en el momento en que establecéis esta creencia.

Cuando oréis creed que habéis recibido y así será. Todo es posible para el que cree. Haz posible lo imposible a través de tu creencia; y lo imposible (para otros) se encarnará en tu mundo.

Todos los hombres han tenido pruebas del poder de la fe. La fe que mueve montañas es la fe en ti mismo. Ningún hombre tiene fe en Dios si carece de confianza en sí mismo. Tu fe en Dios se mide por tu confianza en ti mismo. Yo y mi Padre somos uno, el hombre y su Dios son uno, la conciencia y la manifestación son una.

Y Dios dijo: "Que haya un firmamento en medio de las aguas". En medio de todas las dudas y opiniones cambiantes de los demás, que haya una convicción, una firmeza de creencia, y verás la tierra seca; tu creencia aparecerá. La recompensa es para el que persevera hasta el fin. Una convicción no es una convicción si puede ser sacudida. Tu deseo será como nubes sin lluvia a menos que creas.

Tu conciencia incondicionada o YO SOY es la Virgen María que no conoció varón y sin embargo, sin ayuda del hombre, concibió y dio a luz un hijo. María, la conciencia incondicionada, deseó y luego se hizo consciente de ser el estado condicionado que deseaba expresar, y de una manera desconocida para los demás se convirtió en él. Ve y haz lo mismo; asume la conciencia de aquello que deseas ser y tú también darás a luz a tu salvador. Cuando se haga la anunciación, cuando el impulso o el deseo esté sobre ti, cree que es la palabra hablada de Dios que busca encarnación a través de ti. Ve, no le digas a nadie de esta cosa santa que has concebido. Encierra tu secreto dentro de ti y magnifica al Señor, magnifica o cree que tu deseo es tu salvador viniendo a estar contigo.

Cuando esta creencia esté tan firmemente establecida que te sientas segura de los resultados, tu deseo se encarnará. Cómo se hará, nadie lo sabe. Yo, tu deseo, tengo caminos que tú desconoces; mis caminos no se pueden descubrir. Tu deseo puede compararse a una semilla, y las semillas contienen en sí mismas tanto el poder como el plan de autoexpresión. Tu conciencia es la tierra. Estas semillas se plantan con éxito sólo si, después de haber afirmado ser y tener lo que deseas, esperas con confianza los resultados sin un pensamiento ansioso.

Si me elevo en conciencia a la naturalidad de mi deseo, atraeré automáticamente la manifestación hacia mí. La conciencia es la puerta a través de la cual la vida se revela. La conciencia siempre se objetiva a sí misma.

Ser consciente de ser o poseer algo es ser o tener aquello que eres consciente de ser o poseer. Por lo tanto, elévate a la conciencia de tu deseo y lo verás manifestarse automáticamente.

Para ello debes negar tu identidad actual. "Que se niegue a sí mismo". Niegas una cosa apartando tu atención de ella. Para apartar una cosa, problema o ego de la conciencia, permanece en Dios -Dios siendo YO SOY.

Quédate quieto y sabe que YO SOY es Dios. Cree, siente que YO SOY; sabe que este conocedor dentro de ti, tu conciencia de ser, es Dios. Cierra los ojos y siéntete sin rostro, sin forma y sin figura. Acércate a esta quietud como si fuera la cosa más fácil de lograr del mundo. Esta actitud te asegurará el éxito.

Cuando todo pensamiento de problema o de sí mismo sea eliminado de la conciencia porque ahora estás absorto o perdido en la sensación de ser simplemente YO SOY, entonces comienza en este estado sin forma a sentirte a ti mismo como aquello que deseas ser, "YO SOY el que YO SOY".

En el momento en que alcances un cierto grado de intensidad de modo que realmente te sientas ser una nueva concepción, este nuevo sentimiento o conciencia se establece y a su debido tiempo se personificará en el mundo de la forma. Esta nueva percepción se expresará tan naturalmente como ahora expresas tu identidad actual. Para expresar las cualidades de una conciencia de forma natural debes morar o vivir dentro de esa conciencia. Apropiarse de ella haciéndose uno con ella. Sentir una cosa intensamente, y luego descansar confiadamente en que es, hace que la cosa sentida aparezca dentro de tu mundo. "Me pararé sobre mi guardia y veré la salvación del Señor". Me pararé firmemente sobre mi sentimiento, convencido de que es así, y veré aparecer mi deseo.

"Un hombre no puede recibir nada (ninguna cosa) a menos que le sea dado del Cielo". Recuerda que el Cielo es tu conciencia; el Reino de los Cielos está dentro de ti. Por eso se te advierte que no llames Padre a ningún hombre; tu conciencia es el Padre de todo lo que eres. De nuevo se te dice: "No saludes a ningún hombre en la carretera". No veas a ningún hombre como una autoridad. ¿Por qué deberías pedir permiso al hombre para expresarte cuando te das cuenta de que tu mundo, en cada uno de sus detalles, se originó dentro de ti y está sostenido por ti como único centro conceptual?

Todo tu mundo puede compararse a un espacio solidificado que refleja las creencias y aceptaciones proyectadas por una presencia sin forma y sin rostro, es decir, YO SOY. Reduce el todo a su sustancia primordial y no quedará nada más que tú, una presencia sin dimensión, el concebidor.

El concebidor es una ley aparte. Las concepciones bajo tal ley no deben ser medidas por logros pasados o modificadas por capacidades presentes porque, sin tomar pensamiento, la concepción de una manera desconocida para el hombre se expresa.

Entra en secreto y apropia la nueva conciencia. Siéntete como tal, y las limitaciones anteriores desaparecerán tan completa y fácilmente como la nieve en un caluroso día de verano. Ni siquiera recordarás las limitaciones anteriores; nunca formaron parte de esta nueva conciencia. Este renacimiento al que Jesús se refería cuando le dijo a Nicodemo: "Tenéis que nacer de nuevo", no era más que pasar de un estado de conciencia a otro.

"Todo lo que pidáis en mi nombre, lo haré". Esto ciertamente no significa pedir con palabras, pronunciando con los labios los sonidos, Dios o Cristo Jesús, pues millones han pedido de esta manera sin resultados. Sentirse una cosa es haber pedido esa cosa en Su nombre. YO SOY es la presencia sin nombre. Sentirse rico es pedir riqueza en Su nombre. YO SOY es incondicional. No es ni rico ni pobre, ni fuerte ni débil. En otras palabras, en ÉL no hay ni griego ni judío, ni esclavo ni libre, ni hombre ni mujer. Todas estas son concepciones o limitaciones de lo ilimitado, y por lo tanto nombres de lo innombrable. Sentir que eres algo es pedir al innombrable, YO SOY, que exprese ese nombre o naturaleza. "Pedid lo que queráis en mi nombre apropiándoos la naturaleza de la cosa deseada y yo os la daré".

PREGUNTAS Y RESPUESTAS DE REFLEXIÓN

1. ¿Qué quiere decir Neville Goddard con la frase "YO SOY es el Señor"? ¿Cómo se aplica esto a tu propio sentido de identidad?

- **Respuesta:** Goddard explica que el "YO SOY" dentro de cada persona es el Señor, es decir, nuestra conciencia o percepción de ser es la fuerza creativa divina. Esta conciencia es la que da forma a la realidad, y nuestro sentido de identidad influye en lo que manifestamos en nuestras vidas. Por lo tanto, la idea es que al comprender y aceptar el "YO SOY" interior, reconocemos nuestro poder para dar forma a nuestras experiencias.

-

2. ¿En qué se diferencia el concepto de "creer para ver" de la visión tradicional de "ver para creer"?

- **Respuesta:** Tradicionalmente, la gente cree en algo sólo después de ver pruebas o evidencias de ello. Goddard, sin embargo, sostiene lo contrario: primero debemos creer (en nosotros mismos, en nuestros deseos y posibilidades), y esa creencia acabará convirtiendo el resultado deseado en realidad. Nuestra realidad externa está determinada por lo que creemos internamente que es verdad.

-

3. ¿Qué significa cuando Goddard afirma: "Tu mundo es tu conciencia objetivada"?

- **Respuesta:** Goddard sugiere que todo lo que ocurre en nuestro mundo exterior es un reflejo de nuestra conciencia interna. Lo que vemos, experimentamos y vivimos en el mundo físico es una manifestación directa de las creencias, pensamientos y suposiciones que albergamos en nuestra conciencia. Para cambiar nuestro mundo, primero debemos cambiar nuestro estado interno.

-

4. Goddard afirma: "El YO SOY es la única puerta por la que cualquier cosa puede pasar a tu mundo". ¿Qué significa esto para tu manera de abordar tus deseos?

- **Respuesta:** Esto significa que nuestra conciencia, nuestra percepción de ser, es la única puerta de entrada para que los deseos se manifiesten en nuestro mundo. Para que nuestros deseos se hagan realidad, primero debemos encarnarlos a través de nuestra conciencia. Si deseamos algo, debemos tomar conciencia de que ya lo tenemos, sentirlo como una realidad presente dentro de nosotros antes de que pueda manifestarse externamente.

-

5. ¿Qué quiere decir Neville cuando afirma: "Tu conciencia incondicionada o YO SOY es la Virgen María que no conoció varón y sin embargo... dio a luz un hijo"?

- **Respuesta:** Goddard utiliza la metáfora bíblica de la Virgen María para explicar que nuestra conciencia incondicionada (YO SOY) puede dar origen a nuevas experiencias o estados de ser sin intervención externa. Así como María concibió sin conocer a un hombre, nuestra conciencia puede concebir y manifestar nuestros deseos sin necesidad de validación o ayuda externa. Es puramente una cuestión de convicción y creencia internas.

-

6. ¿Cómo puedes aplicar la idea de "negarte a ti mismo" en el contexto de la creación de nuevas experiencias o estados de ser?

- **Respuesta:** Negarse a uno mismo se refiere a dejar ir el concepto actual y limitado de uno mismo y encarnar conscientemente un nuevo estado de ser. Para crear una nueva experiencia, debes negar o liberar la identificación con tus limitaciones o problemas actuales y, en cambio, aceptar la conciencia de que ya eres la persona en la que deseas convertirte.

-

7. ¿Qué quiere decir Neville Goddard cuando dice: "Ve a tu interior en secreto y apropiate de la nueva conciencia"? ¿Cómo puedes practicar esto en tu vida?

- **Respuesta:** Goddard quiere decir que el proceso de cambio de vida comienza en el interior, en el ámbito privado de los pensamientos y sentimientos. Apropiarse de una nueva conciencia es asumir internamente que ya eres la persona que deseas ser. Puedes practicar esto meditando regularmente o visualizándote a ti mismo como si hubieras alcanzado el estado deseado y sintiendo que ya es cierto.

-

8. ¿En qué se diferencia la enseñanza de Goddard sobre la fe de los conceptos religiosos tradicionales de la fe?

- **Respuesta:** La fe religiosa tradicional a menudo implica la creencia en un Dios externo que controla los resultados, mientras que la enseñanza de Goddard se centra en la fe en la propia conciencia e identidad como fuerza creativa. Destaca que la fe no consiste en esperar la intervención divina, sino en tener confianza en la propia capacidad de dar forma a la realidad a través de la propia conciencia.

-

9. Goddard enfatiza la frase "YO SOY EL QUE SOY". ¿Cómo puedes usar esta afirmación para cambiar tu autoimagen y tus circunstancias de vida?

- **Respuesta:** Al utilizar la afirmación "YO SOY EL QUE SOY", afirmas tu identidad como creador de tu propia realidad. Puedes remodelar tu autoimagen al afirmar y sentir constantemente la verdad de ser la persona que deseas ser, alineando así tu conciencia con ese estado deseado y permitiéndole manifestarse en tu mundo externo.

-

10. ¿Por qué Neville insiste en que no debes compartir tus deseos con los demás y cómo puede este principio ayudarte a alcanzar tus objetivos?

- **Respuesta:** Neville aconseja guardarse los deseos para uno mismo, porque compartirlos puede generar dudas, críticas o influencias externas que pueden debilitar la fe y la confianza. Al proteger los deseos y nutrirlos en el interior, se protege la fe y el enfoque, lo que fortalece el poder de manifestación.

CAPÍTULO SEIS
YO SOY ÉL

Porque si no creéis que YO SOY, en vuestros pecados moriréis.
JUAN 8:24

Todas las cosas por él fueron hechas, y sin él nada de lo que ha sido hecho, fue hecho". Esta afirmación es difícil de aceptar para quienes han sido formados en los diversos sistemas de la religión ortodoxa, pero ahí está. Todas las cosas, buenas, malas e indiferentes, fueron hechas por Dios. "Dios hizo al hombre (la manifestación) a su imagen, a semejanza de Dios lo hizo". Aparentemente, para aumentar esta confusión, se afirma: "Y vio Dios que su creación era buena". ¿Qué se puede hacer con esta aparente anomalía? ¿Cómo va a relacionar el hombre todas las cosas como buenas cuando lo que se le enseña niega este hecho? O bien la comprensión de Dios es errónea o bien hay algo radicalmente erróneo en la enseñanza del hombre.

"Para los puros todas las cosas son puras". Ésta es otra afirmación desconcertante. Toda la gente buena, la gente pura, la gente santa, son los mayores prohibicionistas. Si a la afirmación anterior le sumamos ésta: "No hay ninguna condenación en Cristo Jesús", obtenemos una barrera infranqueable para los jueces autoproclamados del mundo. Tales afirmaciones no significan nada para los jueces moralistas que ciegamente cambian y destruyen sombras. Siguen creyendo firmemente que están mejorando el mundo. El hombre, sin saber que su mundo es su conciencia individual reflejada, se esfuerza en vano por conformarse a la opinión de los demás en lugar de conformarse a la única opinión existente, es decir, su propio juicio sobre sí mismo.

Cuando Jesús descubrió que Su conciencia era esta maravillosa ley de autogobierno, declaró: "Y ahora yo me santifico a mí mismo, para que ellos también sean santificados por la verdad". Sabía que la conciencia era la única realidad, que las cosas objetivadas no eran nada más que diferentes estados de conciencia. Jesús advirtió a Sus seguidores que buscaran primero el Reino de los Cielos (ese estado de conciencia que produciría lo deseado) y todas las cosas les serían añadidas. También declaró: "YO SOY la verdad". Sabía que la conciencia del hombre era la verdad o la causa de todo lo que el hombre veía que era su mundo.

Jesús se dio cuenta de que el mundo estaba hecho a semejanza del hombre. Sabía que el hombre veía su mundo como lo que era porque el hombre era lo que era. En resumen, la concepción que el hombre tiene de sí mismo determina lo que ve que es su mundo.

Todas las cosas son hechas por Dios (la conciencia) y sin él no hay nada que sea hecho. La creación es juzgada buena y muy buena porque es la semejanza perfecta de esa conciencia que la produjo. Ser consciente de ser una cosa y luego verse a uno mismo expresando algo distinto de lo que uno es consciente de ser es una violación de la ley del ser; por lo tanto, no sería bueno. La ley del ser nunca se rompe; el hombre siempre se ve a sí mismo expresando aquello que es consciente de ser. Sea bueno, malo o indiferente, es, no obstante, una semejanza perfecta de su concepción de sí mismo; es bueno y muy bueno.

No sólo todas las cosas son hechas por Dios, sino que todas las cosas son hechas por Dios. Todos son descendientes de

Dios. Dios es uno. Las cosas o divisiones son proyecciones del uno. Dios siendo uno, debe ordenarse a Sí mismo ser el otro aparente porque no hay otro. El absoluto no puede contener algo dentro de sí que no sea él mismo. Si lo tuviera, entonces no sería absoluto, el único. Los mandatos para ser efectivos deben ser para uno mismo. "YO SOY EL QUE SOY" es el único mandato efectivo. "YO SOY el Señor y fuera de mí no hay nadie más". No puedes ordenar lo que no es. Como no hay otro, debes ordenarte a ti mismo ser aquello que quieres que parezca.

Permítame aclarar lo que quiero decir con orden efectiva. No se repite como un loro la declaración "YO SOY EL QUE SOY"; esa vana repetición sería estúpida e infructuosa. No son las palabras las que la hacen efectiva; es la conciencia de ser la cosa lo que la hace efectiva. Cuando dices "YO SOY", estás declarando que eres. La palabra que en la declaración "YO SOY EL QUE SOY" indica aquello que quieres ser. El segundo "YO SOY" en la cita es el grito de victoria.

Todo este drama se desarrolla interiormente, con o sin el uso de palabras. Permanece quieto y sabe que eres. Esta quietud se logra observando al observador. Repite en voz baja pero con sentimiento: "YO SOY, YO SOY", hasta que hayas perdido toda conciencia del mundo y te conozcas a ti mismo como simplemente ser. La conciencia, el saber que eres, es Dios Todopoderoso; YO SOY. Una vez que esto se haya logrado, defínete a ti mismo como aquello que deseas ser sintiéndote a ti mismo como lo que deseas: YO SOY eso. Esta comprensión de que eres lo que deseas hará que un escalofrío recorra todo tu ser. Cuando la convicción se establece y realmente crees que eres lo que deseabas ser, entonces el segundo "YO SOY" se pronuncia como un grito de victoria. Esta revelación mística de Moisés puede verse como tres pasos distintos: YO SOY; YO SOY libre; ¡YO SOY realmente!

No importa cómo sean las apariencias a tu alrededor. Todas las cosas abren paso a la venida del Señor. YO SOY el Señor que viene en la apariencia de aquello que soy consciente de ser. Todos los habitantes de la tierra no pueden detener mi venida ni cuestionar mi autoridad para ser aquello que YO SOY consciente de que YO SOY.

"YO SOY la luz del mundo", cristalizando en la forma de mi concepción de mí mismo. La conciencia es la luz eterna que cristaliza únicamente a través de la concepción que tienes de ti mismo. Cambia tu concepción de ti mismo y automáticamente cambiarás el mundo en el que vives. No intentes cambiar a las personas; ellas son sólo mensajeros que te dicen quién eres. Revalúate a ti mismo y ellas confirmarán el cambio.

Ahora comprenderás por qué Jesús se santificó a sí mismo en lugar de los demás, por qué para los puros todas las cosas son puras, por qué en Cristo Jesús (la conciencia despierta) no hay condenación. Despierta del sueño de la condenación y prueba el principio de vida. Deja de juzgar no sólo a los demás, sino también de condenarte a ti mismo.

Escuche la revelación del iluminado: "Yo sé y estoy persuadido por el Señor Cristo Jesús que nada es inmundo en sí mismo, pero para aquel que ve algo que es inmundo, para él es inmundo", y nuevamente: "Feliz el hombre que no se condena a sí mismo en lo que permite".

Deja de preguntarte si eres digno o indigno de proclamar que eres lo que deseas ser. El mundo te condenará sólo mientras te condenes a ti mismo.

No necesitas elaborar nada. Las obras están terminadas. El principio por el cual todas las cosas están hechas y sin el cual nada de lo que se hace es eterno. Tú eres este principio. Tu conciencia de ser es esta ley eterna. Nunca has expresado nada que no fueras consciente de ser y nunca lo harás. Asume la conciencia de aquello que deseas expresar. Reclámalo hasta que se convierta en una manifestación natural. Siéntelo y vive dentro de ese sentimiento hasta que lo conviertas en tu naturaleza.

He aquí una fórmula sencilla: aparta tu atención de tu actual concepción de ti mismo y céntrala en ese ideal que hasta ahora habías considerado inalcanzable. Afirma que eres tu ideal, no como algo que serás en el futuro, sino como lo que eres en el presente inmediato. Hazlo y tu actual mundo de limitaciones se desintegrará a medida que tu nueva reivindicación surja como el ave fénix de sus cenizas.

"No temáis ni os amedrentéis delante de esta multitud tan grande; porque la batalla no es vuestra, sino de Dios". No luchéis contra vuestro problema; vuestro problema sólo vivirá mientras seáis conscientes de él. Apartad vuestra atención del problema y de la multitud de razones por las que no podéis alcanzar vuestro ideal. Concentrad vuestra atención por completo en lo que deseáis.

"Dejadlo todo y seguidme". Ante obstáculos aparentemente enormes, reclamad vuestra libertad. La conciencia de la libertad es el Padre de la libertad. Tiene una forma de expresarse que ningún hombre conoce. "No tendréis necesidad de luchar en esta batalla. Estad quietos, y ved la salvación del Señor con vosotros".

"YO SOY el Señor". YO SOY (tu conciencia) es el Señor. La conciencia de que la cosa está hecha, de que la obra está terminada, es el Señor de cualquier situación. Escucha atentamente la promesa: "No tendréis necesidad de pelear en esta batalla: estad quietos, y ved la salvación del Señor con vosotros".

¡Contigo! Esa conciencia particular con la que te identificas es el Señor del acuerdo. Él, sin ayuda, establecerá lo acordado en la tierra. ¿Puedes tú, frente al ejército de razones por las que algo no puede hacerse, entrar tranquilamente en un acuerdo con el Señor para que se haga? ¿Puedes, ahora que has descubierto que el Señor es tu conciencia de ser, darte cuenta de que la batalla está ganada? ¿Puedes, sin importar cuán cerca y amenazante parezca estar el enemigo, continuar confiando, permaneciendo quieto, sabiendo que la victoria es tuya? Si puedes, verás la salvación del Señor.

Recuerda que la recompensa es para quien persevera. Permanece quieto. Permanecer quieto es la profunda convicción de que todo está bien; que está hecho. No importa lo que oigas o veas, permanece impasible, consciente de que al final saldrás victorioso. Todas las cosas se hacen mediante acuerdos de ese tipo, y sin un acuerdo de ese tipo no se hace nada de lo que se hace. "YO SOY EL QUE SOY".

En el Apocalipsis se registra que aparecerán un nuevo cielo y una nueva tierra. A Juan, cuando se le mostró esta visión, se le dijo que escribiera: "Está hecho". El cielo es tu conciencia y la tierra su estado solidificado. Por lo tanto, acepta como lo hizo Juan: "Está hecho".

Todo lo que se requiere de ti, quien busca un cambio, es elevarte a un nivel de aquello que deseas; sin detenerte en la forma de expresión, registra que se hace sintiendo la naturalidad de serlo.

He aquí una analogía que puede ayudarle a ver este misterio. Supongamos que entra en una sala de cine justo cuando la película está a punto de terminar. Todo lo que ve de la película es el final feliz. Como quiere ver la historia completa, espera a que se desarrolle de nuevo. Con la secuencia anticlimática, el héroe es presentado como acusado, rodeado de pruebas falsas y todo lo que sirve para arrancar lágrimas a la audiencia. Pero usted, seguro de saber que el final es el final, permanece tranquilo sabiendo que, independientemente de la dirección aparente de la película, el final ya ha sido definido.

De la misma manera, ve hasta el final de lo que buscas; sé testigo de su feliz final sintiendo conscientemente que expresas y posees lo que deseas expresar y poseer; y tú, mediante la fe, al comprender ya el final, tendrás la confianza que nace de este conocimiento. Este conocimiento te sostendrá durante el intervalo de tiempo necesario que tarda la imagen en desplegarse. No pidas ayuda al hombre; siente: "Está hecho", afirmando conscientemente que eres, ahora, lo que como hombre esperas ser.

PREGUNTAS Y RESPUESTAS DE REFLEXIÓN

1. ¿Qué quiere decir Neville cuando afirma: "Todas las cosas son hechas por Dios, y sin Él nada de lo que ha sido hecho fue hecho"?

- Respuesta: Neville se refiere a la conciencia como Dios. Todo lo que experimentamos en la vida, ya sea bueno, malo o indiferente, es un reflejo de nuestra conciencia. Dado que la conciencia (Dios) es la fuente de la creación, nada puede existir sin ella. Por lo tanto, la declaración enfatiza que nuestro estado interior del ser determina lo que se manifiesta en nuestro mundo.

-

2. ¿Cómo se puede conciliar el concepto "para los puros todas las cosas son puras" con la existencia de experiencias negativas?

- Respuesta: Neville sugiere que la forma en que percibimos el mundo se filtra a través de nuestra conciencia. Para las personas "puras" de conciencia, todo parece puro porque ven el mundo a través de la lente de su pureza interior. Las experiencias negativas surgen de los juicios y las limitaciones autoimpuestas. Cuando uno es consciente de su verdadera naturaleza divina, ya no ve las cosas como inherentemente negativas.

-

3. ¿Cómo desafía la enseñanza de Neville las visiones religiosas tradicionales del bien y del mal?

- **Respuesta:** Las religiones tradicionales suelen separar el bien del mal como fuerzas opuestas. Neville desafía esta idea al sugerir que todo es una manifestación de la conciencia. No existe el mal externo; en cambio, todo en la vida, incluso lo que parece negativo, es un reflejo del estado de conciencia de uno. Por lo tanto, todo es bueno porque refleja con precisión la conciencia que lo creó.

-

4. ¿Qué significa "santificarse" como lo hizo Jesús, según la interpretación de Neville?

- **Respuesta:** Neville explica que Jesús se santificó a sí mismo al darse cuenta de que su conciencia creó su realidad. Santificarse significa tomar conciencia de su naturaleza divina y comprender que su estado de conciencia es la causa de todo lo que experimenta. Es un proceso interno de alineamiento con la verdad de que usted es el creador de su mundo.

-

5. ¿Cómo sirve como mandato la afirmación "YO SOY EL QUE SOY"?

- **Respuesta:** Neville explica que "YO SOY EL QUE SOY" no es una simple afirmación sino una declaración de ser. El primer "YO SOY" afirma la existencia, y el segundo "YO SOY" representa el estado deseado de ser. Es una orden eficaz porque es un reconocimiento de que ya eres aquello en lo que deseas convertirte. Es una declaración de poder, que alinea tu conciencia con tu realidad deseada.

-

6. ¿Cómo se puede lograr la "quietud" de la que habla Neville y por qué es importante?

- **Respuesta:** La quietud se logra observando al observador, tomando conciencia del ser puro sin apego a pensamientos o condiciones externas. Es importante porque este estado de conciencia es la base para manifestar tus deseos. En la quietud, te despegas de tus limitaciones actuales y te concentras por completo en el estado de ser deseado, lo que le permite cristalizarse en la realidad.

-

7. ¿Qué quiere decir Neville con la frase: "Todas las cosas dan paso a la venida del Señor"?

- **Respuesta:** "El Señor" en este contexto se refiere a tu conciencia. Cuando tomas conciencia de ser algo, el mundo externo se ajustará y se alineará para reflejar esa conciencia. En otras palabras, cuando te identificas con tu estado deseado, el mundo naturalmente se adapta a él, independientemente de las circunstancias actuales.

-

8. ¿Cómo se puede aplicar el concepto de Neville de "ir hasta el final" para manifestar sus deseos?

- **Respuesta:** Llegar hasta el final significa imaginar y sentir el cumplimiento de tu deseo como si ya hubiera sucedido. Como si estuvieras viendo una película en la que conoces el final feliz, permaneces tranquilo y confiado ante los desafíos de la vida porque tienes la seguridad de que el resultado ya está garantizado. Vives con la sensación de que tu deseo se ha cumplido, permitiendo que se desarrolle de forma natural.

-

9. ¿Cuál es el significado de "quedarse quieto" durante el proceso de manifestación?

- **Respuesta:** Permanecer quieto significa mantener una fe y una convicción inquebrantables de que tu deseo ya es una realidad, incluso cuando las circunstancias externas sugieran lo contrario. Implica resistir la tentación de reaccionar ante las apariencias y permanecer concentrado en el conocimiento interior de que el resultado deseado es inevitable. Esta quietud representa la confianza en el poder de la conciencia para producir el resultado deseado.

-

10. ¿Cómo puedes utilizar la fórmula presentada en este capítulo para cambiar tus limitaciones actuales?

- **Respuesta:** La fórmula de Neville consiste en desviar la atención de la concepción que tenemos de nosotros mismos y centrarla por completo en la versión ideal de nosotros mismos. Reivindicamos esta nueva identidad en el momento presente, no como algo en lo que nos convertiremos, sino como algo que ya somos. Al hacerlo, disolvemos nuestras limitaciones actuales y permitimos que la nueva realidad surja de forma natural desde nuestra conciencia.

CAPÍTULO SIETE

HÁGASE TU VOLUNTAD

No se haga mi voluntad, sino la tuya.
LUCAS 22:42

No se haga mi voluntad, sino la tuya". Esta resignación no es una resignación ciega a la idea de que "no puedo hacer nada por mí mismo, el Padre que está en mí es quien hace el trabajo". Cuando el hombre desea, intenta hacer que algo que ahora no existe aparezca en el tiempo y el espacio. Con demasiada frecuencia no somos conscientes de lo que realmente estamos haciendo. Declaramos inconscientemente que no poseemos la capacidad para expresarnos. Basamos nuestro deseo en la esperanza de adquirir las capacidades necesarias en el futuro. "YO no soy, pero seré".

El hombre no se da cuenta de que la conciencia es el Padre que hace el trabajo, por lo que intenta expresar aquello de lo que no es consciente. Tales luchas están condenadas al fracaso; sólo el presente se expresa. A menos que sea consciente de ser aquello que busco, no lo encontraré. Dios (tu conciencia) es la sustancia y la plenitud de todo. La voluntad de Dios es el reconocimiento de lo que es, no de lo que será. En lugar de ver este dicho como "Hágase tu voluntad", considéralo como "Hágase tu voluntad". Las obras están terminadas.

El principio por el cual todas las cosas se hacen visibles es eterno. "Cosas que ojos no vieron, ni oídos oyeron, ni han subido en corazón de hombre, son las que Dios ha preparado para los que aman la ley". Cuando un escultor mira una pieza informe de mármol, ve, enterrada en su masa informe, su obra de arte terminada. El escultor, en lugar de hacer su obra maestra, simplemente la revela quitando esa parte del mármol que oculta su concepción. Lo mismo se aplica a ti. En tu conciencia informe yace enterrado todo lo que alguna vez concebirás ser. El reconocimiento de esta verdad te transformará de un trabajador inexperto que trata de hacerlo así a un gran artista que reconoce que lo es.

Tu afirmación de que ahora eres lo que quieres ser quitará el velo de la oscuridad humana y revelará tu afirmación perfectamente: YO SOY eso. La voluntad de Dios se expresó en las palabras de la viuda: "Está bien". La voluntad del hombre habría sido: "Estará bien". Decir: "Estaré bien", es decir: "Estoy enfermo". Dios, el Eterno Ahora, no se deja burlar por medio de palabras o repeticiones vana. Dios personifica continuamente lo que es. Así, la resignación de Jesús (que se hizo igual a Dios) fue pasar del reconocimiento de la carencia (que el futuro indica con "Yo seré") al reconocimiento de la provisión al afirmar: "YO SOY eso; está hecho; gracias, Padre".

Ahora veréis la sabiduría que hay en las palabras del profeta cuando afirma: "Diga el débil: Fuerte soy" (Joel 3:10). El hombre, en su ceguera, no hace caso del consejo del profeta; sigue pretendiendo ser débil, pobre, miserable y todas las demás expresiones indeseables de las que trata de liberarse al afirmar ignorantemente que se liberará de estas características en la expectativa del futuro. Tales pensamientos frustran la única ley que puede liberarlo.

Sólo hay una puerta por la que aquello que buscas puede entrar en tu mundo. "YO SOY la puerta". Cuando dices "YO SOY", estás declarando que eres, en primera persona, en tiempo presente; no hay futuro. Saber que YO SOY es ser consciente de ser. La conciencia es la única puerta. A menos que seas consciente de ser aquello que buscas, buscas en vano.

Si juzgas por las apariencias, seguirás siendo esclavo de la evidencia de tus sentidos. Para romper este hechizo hipnótico de los sentidos, se te dice: "Entra y cierra la puerta". La puerta de los sentidos debe estar bien cerrada antes de que tu nueva afirmación pueda ser respetada. Cerrar la puerta de los sentidos no es tan difícil como parece al principio. Se hace sin esfuerzo.

Es imposible servir a dos señores al mismo tiempo. El señor al que el hombre sirve es aquel que es consciente de ser. Yo soy Señor y Dueño de aquello que soy consciente de ser. No me cuesta ningún esfuerzo conjurar la pobreza si soy consciente de ser pobre. Mi sirviente (la pobreza) está obligado a seguirme (consciente de la pobreza) mientras YO SOY (el Señor) consciente de ser pobre.

En lugar de luchar contra la evidencia de los sentidos, afirmas ser lo que deseas ser. Cuando tu atención se centra en esta afirmación, las puertas de los sentidos se cierran automáticamente ante tu antiguo amo (aquello que eras consciente de ser). Cuando te pierdes en la sensación de ser (aquello que ahora afirmas que es verdad en lo que respecta a ti mismo), las puertas de los sentidos se abren una vez más, revelando que tu mundo es la expresión perfecta de aquello que eres consciente de ser.

Sigamos el ejemplo de Jesús, quien se dio cuenta de que, como hombre, no podía hacer nada para cambiar su actual cuadro de carencia. Cerró la puerta de sus sentidos a su problema y fue a su Padre, aquel para quien todas las cosas son posibles. Habiendo negado la evidencia de sus sentidos, afirmó ser todo lo que, un momento antes, sus sentidos le habían dicho que no era. Sabiendo que la conciencia expresa su semejanza en la tierra, permaneció en la conciencia que afirmaba ser hasta que las puertas (sus sentidos) se abrieron y confirmaron el gobierno del Señor. Recuerden, YO SOY es el Señor de todo. Nunca más usen la voluntad del hombre que afirma: "Yo seré". Sean tan resignados como Jesús y afirmen: "YO SOY eso".

PREGUNTAS Y RESPUESTAS DE REFLEXIÓN

1. ¿Cuál es la diferencia entre "hágase tu voluntad" y "hágase tu voluntad" como lo explicó Neville?

- **Respuesta:** Neville explica que "hágase tu voluntad" es una afirmación orientada al futuro, lo que implica que lo que se desea aún no existe. Por el contrario, "hágase tu voluntad" reconoce que todo lo que deseamos ya existe en la conciencia, y nuestra tarea es simplemente realizarlo y expresarlo. Este cambio de una esperanza futura a una realización presente es clave para manifestar los deseos.

-

2. ¿Cómo interpreta Neville la idea de que "la conciencia es el Padre"?

- **Respuesta:** Neville equipara la conciencia con Dios, o el "Padre", que es responsable de toda la creación. La conciencia es la fuente de la que todo se manifiesta. Por lo tanto, cualquier estado del ser del que seamos conscientes es lo que se expresará en nuestras vidas. Reconocer esto elimina la lucha, ya que todo ya existe en la conciencia.

-

3. ¿Por qué Neville enfatiza la importancia de afirmar "YO SOY eso" en lugar de "Yo seré eso"?

- **Respuesta:** Neville enfatiza que afirmar "YO SOY" en lugar de "Yo seré" pone el foco en el momento presente, que es el único momento en el que puede ocurrir la creación. Al afirmar que ya eres lo que deseas ser, activas el poder de la conciencia para manifestar ese estado. Decir "Yo seré" mantiene el deseo en el futuro, impidiendo que se convierta en realidad.

-

4. ¿Qué papel juega la metáfora del escultor a la hora de explicar el proceso creativo?

- **Respuesta:** La metáfora del escultor ilustra que todo lo que deseamos manifestar ya está presente en la conciencia, tal como una estatua ya está presente en un bloque de mármol. El artista (o individuo) no crea algo nuevo, sino que revela lo que ya existe al eliminar las capas de limitación o incredulidad que lo oscurecen.

-

5. ¿Cómo explica Neville la afirmación: "Diga el débil: Fuerte soy"?

- **Respuesta:** Neville explica que esta afirmación aconseja a las personas afirmar su fortaleza en el presente, incluso cuando se sienten débiles. Al afirmar "YO SOY fuerte", se identifican con un estado de fortaleza en lugar de debilidad, lo que permite que su conciencia manifieste fortaleza en sus vidas. Es un ejemplo de cómo alinear la conciencia presente con el estado deseado.

-

6. ¿Qué quiere decir Neville cuando dice: "YO SOY la puerta"?

- **Respuesta:** Neville interpreta "YO SOY la puerta" como que la conciencia es la puerta por la que llegan todas las manifestaciones. Para experimentar cualquier cosa en la vida, primero debemos ser conscientes de ser esa cosa. Sin alinear nuestra conciencia con lo que buscamos, no podemos experimentarlo en el mundo externo.

-

7. ¿Cómo se puede "cerrar la puerta de los sentidos" y por qué es esto importante?

- **Respuesta:** Cerrar la puerta de los sentidos significa retirar la atención de las apariencias externas que contradicen el estado deseado. Al hacer esto, dejamos de ser influenciados por la evidencia sensorial que sugiere carencia o limitación. Este proceso nos permite enfocarnos completamente en la sensación de ser ya lo que deseamos, lo cual es clave para la manifestación.

-

8. ¿Cómo sugiere Neville que deberíamos responder a los desafíos o a las apariencias de carencia?

- **Respuesta:** Neville nos aconseja que sigamos el ejemplo de Jesús y no nos resistamos ni luchemos contra las apariencias de carencia. En lugar de ello, debemos negar la evidencia de los sentidos y afirmar que nuestro estado deseado ya es cierto. Si nos mantenemos fieles a esta afirmación interior, las circunstancias externas acabarán alineándose con la nueva conciencia.

-

9. ¿Qué quiere decir Neville cuando afirma: "YO SOY es Señor de todo"?

- **Respuesta:** "YO SOY" se refiere a la conciencia, que Neville identifica como la fuerza creativa detrás de todo. Por lo tanto, "YO SOY" es el Señor o el amo de todas las experiencias y resultados de la vida. Cuando afirmamos conscientemente ser algo, esa afirmación se manifestará inevitablemente porque la conciencia gobierna toda expresión.

-

10. ¿Cómo se pueden aplicar las enseñanzas de Neville para dejar de usar "la voluntad del hombre" y comenzar a vivir según "Hágase tu voluntad"?

- **Respuesta:** Para dejar de depender de la limitada "voluntad del hombre" (que dice "Yo seré" y trata de forzar los resultados) y vivir según el principio de "Hágase tu voluntad", uno debe cambiar a la conciencia de que todo ya existe en la conciencia. En lugar de esforzarse o esperar que algo suceda en el futuro, reivindicarlo como una realidad presente afirmando "YO SOY eso" y confiar en el proceso natural de manifestación.

CAPÍTULO OCTAVO
NINGÚN OTRO DIOS

Yo soy el primero y yo soy el último, y fuera de mí no hay Dios.
ISAÍAS 44:6

Yo soy el Señor tu Dios, que te saqué de la tierra de Egipto, de casa de servidumbre. No tendrás dioses ajenos delante de mí.
Deuteronomio 5:6, 7

No tendrás otro dios fuera de mí. Mientras el hombre siga creyendo en un poder ajeno a él, se privará del ser que es. Toda creencia en poderes ajenos a él, ya sea para bien o para mal, se convertirá en el molde de la imagen esculpida que se adora.

Las creencias en el poder de las drogas para curar, las dietas para fortalecer, el dinero para asegurar, son los valores o los cambistas de dinero que deben ser expulsados del poder para que puedan manifestar infaliblemente esa cualidad. Esta comprensión expulsa al cambista de dinero del Templo. "Vosotros sois el templo del Dios viviente", un templo no hecho por manos. Está escrito: "Mi casa será llamada casa de oración por todas las naciones, pero vosotros la habéis hecho cueva de ladrones".

Los ladrones que te roban son tus propias creencias falsas. Es tu creencia en una cosa, no la cosa en sí, lo que te ayuda. Sólo hay un poder: YO SOY Él. Debido a tu creencia en las cosas externas, crees que les das poder transfiriendo el poder que eres a la cosa externa. Date cuenta de que tú mismo eres el poder que has dado equivocadamente a las condiciones externas. La Biblia compara al hombre testarudo con el camello que no podía pasar por el ojo de la aguja. El ojo de la aguja al que se hace referencia era una pequeña puerta en los muros de Jerusalén que era tan estrecha que un camello no podía pasar por ella hasta que se le quitara su carga. El hombre rico, es decir, el que está cargado con falsos conceptos humanos, no puede entrar en el Reino de los Cielos hasta que se le quite su carga, así como el camello no podía pasar por esta pequeña puerta.

El hombre se siente tan seguro de sus leyes, opiniones y creencias hechas por el hombre que las inviste de una autoridad que no poseen. Satisfecho de que su conocimiento lo es todo, permanece inconsciente de que todas las apariencias externas no son más que estados mentales exteriorizados. Cuando se da cuenta de que la conciencia de una cualidad exterioriza esa cualidad sin la ayuda de ningún otro o de muchos valores y establece el único valor verdadero, su propia conciencia.

"El Señor está en su santo templo". La conciencia mora en aquello que es consciente de ser. YO SOY el hombre es el Señor y su templo. Sabiendo que la conciencia se objetiva a sí misma, el hombre debe perdonar a todos los hombres por ser lo que son. Debe darse cuenta de que todos están expresando (sin la ayuda de otro) aquello que son conscientes de ser. Pedro, el hombre iluminado o disciplinado, sabía que un cambio de conciencia produciría un cambio de expresión. En lugar de simpatizar con los mendigos de la vida en la puerta del templo, declaró: "No tengo plata ni oro (para ti), pero lo que tengo (la conciencia de la libertad) te doy".

"Aviva el don que hay en ti". Deja de mendigar y proclama que eres lo que decides ser. Hazlo y tú también saltarás de tu mundo lisiado al mundo de la libertad, cantando alabanzas al Señor, YO SOY. "Mayor es el que está en ti que el que está en el mundo". Éste es el clamor de todo aquel que descubre que su conciencia de ser es Dios. Tu reconocimiento de este hecho limpiará automáticamente el templo, tu conciencia, de ladrones y salteadores, restaurándote ese dominio sobre las cosas que perdiste en el momento en que olvidaste el mandamiento: "No tendrás otro Dios fuera de MÍ".

PREGUNTAS Y RESPUESTAS DE REFLEXIÓN

1. ¿Qué quiere decir Neville cuando afirma que toda creencia en un poder ajeno a uno mismo priva a los individuos de su verdadero ser?

- **Respuesta:** Neville sugiere que creer en poderes externos (ya sea para la curación, la fortaleza o la seguridad) nos resta valor a la comprensión de nuestro propio poder inherente como conciencia. Cuando atribuimos poder a factores externos, disminuimos nuestra capacidad de manifestar y realizar nuestro verdadero potencial, que reside en nuestro interior.

-

2. ¿Cómo ilustra la metáfora del camello y el ojo de la aguja las limitaciones de las creencias humanas?

- **Respuesta:** La metáfora ilustra que, así como un camello no puede pasar por el ojo de una aguja si lleva una carga, los individuos no pueden entrar en el Reino de los Cielos (un estado de conciencia) si están agobiados por creencias limitantes y conceptos falsos. Para experimentar la verdadera libertad, uno debe desprenderse de estas cargas y conceptos erróneos.

-

3. ¿Por qué Neville enfatiza que "la conciencia habita dentro de aquello que es consciente de ser"?

- **Respuesta:** Neville enfatiza esto para destacar que nuestra conciencia moldea nuestra realidad. Manifestamos aquello de lo que somos conscientes, por lo que es crucial comprender que somos la fuente de nuestras experiencias. Al reconocer esto, podemos cambiar nuestro enfoque de las circunstancias externas al estado interior del ser que deseamos encarnar.

-

4. ¿De qué manera la afirmación "Aviva el don que hay en ti" fomenta el empoderamiento personal?

- **Respuesta:** Esta afirmación alienta a las personas a reconocer y activar su potencial inherente en lugar de depender de fuentes externas. Al reclamar la propia identidad y poder, las personas pueden transformar su realidad de un estado de carencia o limitación a uno de libertad y abundancia.

-

5. ¿Cómo se puede entender la idea de "los ladrones y salteadores" en nuestra conciencia?

- **Respuesta:** Los "ladrones y salteadores" representan creencias falsas y pensamientos limitantes que obstruyen nuestro verdadero potencial. Nos roban la conciencia de nuestro propio poder. Al limpiar nuestra conciencia de estas creencias, recuperamos nuestro dominio y la capacidad de manifestar nuestros deseos.

-

6. ¿Qué significa "limpiar el templo" de la propia conciencia, según Neville?

- **Respuesta:** La limpieza del templo se refiere al proceso de eliminar creencias limitantes y pensamientos negativos de nuestra conciencia. Esto implica reconocer que somos la fuente de nuestras experiencias y cultivar activamente una mentalidad alineada con nuestro estado de ser deseado.

-

7. ¿Cómo empodera a las personas el reconocer que "mucho mayor es el que está en vosotros que el que está en el mundo"?

- **Respuesta:** Este reconocimiento pone de relieve que nuestro poder y potencial interior son muy superiores a cualquier circunstancia o desafío externo. Entender que nuestra conciencia de ser es una fuerza divina puede inspirar confianza y la capacidad de crear la realidad deseada, independientemente de las influencias externas.

-

8. ¿Qué medidas prácticas se pueden adoptar para dejar de "rogar" por un cambio y empezar a reclamar el estado que se desea?

- **Respuesta:** Los pasos prácticos incluyen afirmar que el estado deseado ya es cierto (por ejemplo, "soy exitoso"), visualizarse en ese estado y concentrarse en la sensación de tenerlo ahora. En lugar de buscar la validación o el cambio desde afuera, uno debería cultivar un sentido interno de satisfacción y confianza.

-

9. ¿Cómo se relaciona la enseñanza de Neville acerca de no tener "otro Dios fuera de MÍ" con la responsabilidad personal?

- **Respuesta:** Esta enseñanza enfatiza que los individuos son responsables de su realidad porque todo el poder reside en su conciencia. Reconocer que somos nuestra propia fuente de poder cambia el enfoque de culpar a las circunstancias externas a asumir la responsabilidad de nuestras creencias y de cómo estas moldean nuestras vidas.

-

10. ¿De qué manera la comprensión de uno mismo como "el Templo del Dios vivo" puede transformar nuestra perspectiva sobre la vida?

- **Respuesta:** Entenderse a uno mismo como "el Templo del Dios Viviente" infunde un sentido de sacralidad y responsabilidad en nuestra conciencia. Transforma nuestra perspectiva al hacernos conscientes de que somos inherentemente valiosos y poderosos, alentándonos a crear una realidad que refleje nuestros ideales y potenciales más elevados.

CAPÍTULO NUEVE

LA PIEDRA FUNDAMENTAL

Cada uno mire cómo edifica encima, porque nadie puede poner otro fundamento que el que está puesto, el cual es Jesucristo. Y si sobre este fundamento se edifica oro, plata, piedras preciosas, madera, heno, hojarasca, la obra de cada uno se hará manifiesta, porque el día la declarará.
1 Corintios 3:10, 11, 12, 13

El fundamento de toda expresión es la conciencia. Por mucho que el hombre lo intente, no puede encontrar otra causa de manifestación que su conciencia de ser. El hombre cree haber encontrado la causa de la enfermedad en los gérmenes, la causa de la guerra en las ideologías políticas en conflicto y en la codicia. Todos esos descubrimientos del hombre, catalogados como la esencia de la sabiduría, son una tontería a los ojos de Dios. Sólo hay un poder y ese poder es Dios (la conciencia). Mata, da vida, hiere, cura, hace todas las cosas, buenas, malas o indiferentes.

El hombre se mueve en un mundo que no es ni más ni menos que su conciencia objetivada. Sin saberlo, lucha contra sus reflejos mientras mantiene viva la luz y las imágenes que proyectan los reflejos. "YO SOY la luz del mundo". YO SOY (la conciencia) es la luz. Aquello que soy consciente de ser (mi concepción de mí mismo) —como "soy rico", "soy saludable", "soy libre"— son las imágenes. El mundo es el espejo que magnifica todo lo que YO SOY consciente de ser.

Deja de intentar cambiar el mundo, ya que no es más que un espejo. El intento del hombre de cambiar el mundo por la fuerza es tan inútil como romper un espejo con la esperanza de cambiar su rostro. Deja el espejo y cambia tu rostro. Deja el mundo en paz y cambia la concepción que tienes de ti mismo. Entonces el reflejo será satisfactorio.

La libertad o el encarcelamiento, la satisfacción o la frustración sólo pueden diferenciarse por la conciencia de ser. Independientemente de su problema, su duración o su magnitud, la atención cuidadosa a estas instrucciones eliminará en un tiempo sorprendentemente corto incluso el recuerdo del problema. Hágase esta pregunta: "¿Cómo me sentiría si fuera libre?" En el mismo momento en que haga esta pregunta sinceramente, la respuesta llegará. Ningún hombre puede decirle a otro la satisfacción de su deseo cumplido. Cada uno debe experimentar dentro de sí mismo el sentimiento y la alegría de este cambio automático de conciencia. El sentimiento o emoción que llega a uno en respuesta a su autocuestionamiento es el estado de conciencia del Padre o la Piedra Fundamental sobre la que se construye el cambio consciente. Nadie sabe exactamente cómo se encarnará este sentimiento, pero lo hará; el Padre (la conciencia) tiene formas que ningún hombre conoce; es la ley inalterable.

Todas las cosas expresan su naturaleza. Cuando te pones un sentimiento, éste se convierte en tu naturaleza. Puede que te lleve un momento o un año; depende enteramente del grado de convicción. Cuando las dudas se desvanecen y puedes sentir "YO SOY esto", empiezas a desarrollar el fruto o la naturaleza de la cosa que estás sintiendo que eres. Cuando una persona compra un sombrero o un par de zapatos nuevos, piensa que todo el mundo sabe que son nuevos. Se siente antinatural con su ropa recién adquirida hasta que se convierte en parte de él. Lo mismo se aplica al uso de los nuevos estados de conciencia. Cuando te haces la pregunta: "¿Cómo me sentiría si mi deseo se hiciera realidad en este momento?", la respuesta automática, hasta que está debidamente condicionada por el tiempo y el uso, es realmente perturbadora. El período de ajuste para realizar este potencial de la conciencia es comparable a la novedad de la ropa que llevas puesta. Sin saber que la conciencia siempre se está manifestando en las condiciones que te rodean, como la esposa de Lot, miras continuamente hacia atrás a tu problema y de nuevo te hipnotiza su aparente naturalidad.

Presta atención a las palabras de Jesús (salvación): "Deja todo y sígueme". "Deja que los muertos entierren a los muertos". Tu problema puede tenerte tan hipnotizado por su aparente realidad y naturalidad que te resulte difícil llevar el nuevo sentimiento o conciencia de tu salvador. Debes asumir esta vestimenta si quieres obtener resultados.

La piedra (la conciencia) que los constructores desecharon (no quisieron usar) es la piedra angular, y ningún hombre puede poner otros cimientos.

PREGUNTAS Y RESPUESTAS DE REFLEXIÓN

1. ¿Qué quiere decir Neville cuando afirma que "el fundamento de toda expresión es la conciencia"?

- **Respuesta:** Neville afirma que la conciencia es la fuente primaria de todas las manifestaciones de la vida. Nuestras experiencias y expresiones son resultados directos de nuestro estado de conciencia. Por lo tanto, comprender y cambiar nuestra conciencia es clave para cambiar nuestra realidad.

-

2. ¿Cómo los conceptos erróneos sobre causas, como los gérmenes o las ideologías políticas, reflejan nuestra comprensión de la conciencia?

- **Respuesta:** Los conceptos erróneos sobre las causas externas de los problemas (como las enfermedades o los conflictos) surgen de una falta de conciencia del verdadero poder de la conciencia. Neville enfatiza que atribuir nuestros problemas a factores externos nos distrae de darnos cuenta de que nuestras propias creencias y nuestra conciencia moldean nuestras experiencias.

-

3. ¿De qué manera se describe el mundo como un espejo de nuestra conciencia?

- **Respuesta:** El mundo refleja lo que somos conscientes de ser. Nuestros pensamientos, creencias y autoconcepciones crean la realidad que percibimos, de forma muy similar a como un espejo refleja nuestra apariencia física. Para cambiar nuestras circunstancias, debemos cambiar nuestro estado interno en lugar de intentar alterar el mundo externo directamente.

-

4. ¿Qué sugiere Neville cuando dice: "Deja de intentar cambiar el mundo ya que es solo el espejo"?

- **Respuesta:** Neville aconseja que en lugar de intentar cambiar las condiciones externas, nos centremos en cambiar nuestra autopercepción y creencias internas. Al hacerlo, podemos transformar los reflejos de nuestra vida sin forzar cambios externos.

-

5. ¿Cómo puede facilitar el cambio de conciencia preguntarse "¿Cómo me sentiría si fuera libre?"?

- **Respuesta:** Este cuestionamiento introspectivo impulsa a las personas a conectarse con la sensación de haber cumplido ya su deseo, lo que constituye un paso crucial para manifestar el cambio. Al encarnar ese sentimiento, uno alinea su conciencia con el estado deseado, lo que hace que sea más probable que se materialice en su realidad.

-

6. ¿Por qué Neville compara el período de adaptación con el uso de ropa nueva?

- **Respuesta:** Neville utiliza esta comparación para ilustrar que adaptarse a un nuevo estado de conciencia puede resultar incómodo o poco natural al principio, al igual que ponerse ropa nueva puede resultar extraño. Con el tiempo, a medida que uno se acostumbra más a la nueva conciencia, se sentirá más natural e integrado.

7. ¿Qué significa "tomar esta vestimenta" en el contexto de las enseñanzas de Neville?

- **Respuesta:** "Poner esta prenda" significa adoptar y encarnar la nueva conciencia o estado de ser que se alinea con los propios deseos. Requiere un compromiso con el cambio interno, dejar atrás viejas creencias y sentimientos y aceptar la nueva concepción de uno mismo como la propia realidad.

-

8. ¿Cómo se relaciona la frase "la piedra que desecharon los constructores, es la cabeza del ángulo" con el crecimiento personal?

- **Respuesta:** Esta frase simboliza la idea de que lo que en un principio puede pasarse por alto o rechazarse (como la verdad de la propia conciencia como base para el cambio) es en realidad el elemento más vital para el crecimiento y la transformación personal. Aceptar el propio poder puede conducir a un cambio profundo.

-

9. ¿De qué manera el centrarse en la propia "naturaleza" a través de los sentimientos puede conducir a la manifestación?

- **Respuesta:** Concentrarse en los sentimientos asociados a los propios deseos y encarnarlos permite que esos sentimientos se conviertan en parte de la propia naturaleza. A medida que estos sentimientos se fortalecen y se vuelven habituales, dan forma a la propia realidad, dando lugar a manifestaciones que se alinean con ese nuevo estado del ser.

-

10. ¿Qué pasos prácticos se pueden dar para construir sobre la "Piedra Fundamental" de la conciencia?

- **Respuesta:** Los pasos prácticos incluyen practicar regularmente la autorreflexión y el cuestionamiento, elegir conscientemente afirmaciones positivas que reflejen los estados deseados, visualizar las metas como ya alcanzadas y participar en actividades que fomenten un sentimiento de alineación con los propios deseos. Cultivar la gratitud y la alegría por lo que ya está presente también refuerza esta base.

CAPÍTULO DIEZ

AL QUE TIENE

Mirad, pues, cómo oís; porque a todo el que tiene, se le dará, y a todo el que no tiene, aun lo que cree tener se le quitará.
LUCAS 8:18

La Biblia, que es el mayor libro de psicología jamás escrito, advierte al hombre que tenga cuidado con lo que oye; luego sigue esta advertencia con la declaración: "Al que tiene, se le dará y al que no tiene, se le quitará". Aunque muchos consideran esta declaración como uno de los dichos más crueles e injustos atribuidos a Jesús, sigue siendo una ley justa y misericordiosa basada en el principio inmutable de expresión de la vida.

La ignorancia del hombre sobre el funcionamiento de la ley no lo excusa ni lo salva de sus resultados. La ley es impersonal y, por lo tanto, no hace acepción de personas. Se advierte al hombre que sea selectivo en lo que oye y acepta como verdad. Todo lo que el hombre acepta como verdad deja una impresión en su conciencia y, con el tiempo, debe definirse como prueba o refutación. El oído perceptivo es el medio perfecto a través del cual el hombre registra las impresiones. Un hombre debe disciplinarse para escuchar sólo lo que quiere oír, sin importar los rumores o la evidencia de sus sentidos de lo contrario. A medida que condiciona su oído perceptivo, reaccionará sólo a las impresiones que ha decidido escuchar. Esta ley nunca falla. Completamente condicionado, el hombre se vuelve incapaz de escuchar otra cosa que no sea aquello que contribuye a su deseo.

Dios, como has descubierto, es esa conciencia incondicionada que te da todo lo que eres consciente de ser. Ser consciente de ser o tener algo es ser o tener aquello que eres consciente de ser. Sobre este principio inmutable descansan todas las cosas. Es imposible que algo sea distinto de aquello que es consciente de ser. "A quien tiene (aquello que es consciente de ser), se le dará". Bueno, malo o indiferente, no importa, el hombre recibe multiplicado por cien aquello que es consciente de ser. De acuerdo con esta ley inmutable, "al que no tiene, se le quitará y se le añadirá al que tiene", los ricos se hacen más ricos y los pobres se hacen más pobres. Sólo puedes magnificar aquello que eres consciente de ser.

Todas las cosas gravitan hacia la conciencia con la que están en sintonía. Del mismo modo, todas las cosas se desenredan de la conciencia con la que están en desacuerdo. Divida la riqueza del mundo equitativamente entre todos los hombres y en poco tiempo esta división equitativa será tan desproporcionada como originalmente. La riqueza encontrará su camino de regreso a los bolsillos de aquellos a quienes les fue arrebatada. En lugar de unirse al coro de los que no tienen que insisten en destruir a los que tienen, reconozca esta ley inmutable de expresión. Defínase conscientemente a sí mismo como aquello que desea.

Una vez definido y establecido el reclamo consciente, continúe con esta confianza hasta que reciba la recompensa. Tan seguro como que el día sigue a la noche, cualquier atributo reclamado conscientemente se manifestará. Así, lo que para el mundo ortodoxo dormido es una ley cruel e injusta se convierte para el iluminado en una de las declaraciones de verdad más misericordiosas y justas.

"No he venido a destruir, sino a cumplir". En realidad, nada se destruye. Toda aparente destrucción es resultado de un cambio de conciencia. La conciencia siempre llena por completo el estado en el que habita. El estado del que la conciencia se desprende parece destructivo a quienes no están familiarizados con esta ley. Sin embargo, esto es sólo una preparación para un nuevo estado de conciencia.

Afirma que eres aquello que deseas que se llene por completo. "Nada se destruye. Todo se cumple". "A quien tiene, se le dará".

PREGUNTAS Y RESPUESTAS DE REFLEXIÓN

1. ¿Qué significa la frase "al que tiene, se le dará" en el contexto de la conciencia?

- **Respuesta:** Esta frase implica que las personas que son conscientes de su propia abundancia y cualidades positivas atraerán más de esas cualidades a sus vidas. Hace hincapié en la idea de que la conciencia da forma a la realidad; cuanto más reconocemos y encarnamos lo que tenemos, más recibiremos.

-

2. ¿Por qué Neville describe la Biblia como "el libro de psicología más grande jamás escrito"?

- **Respuesta:** Neville considera la Biblia como un texto profundo que explora el funcionamiento interno de la mente y la conciencia. Proporciona información sobre cómo nuestras creencias y percepciones dan forma a nuestras experiencias, destacando los principios psicológicos que rigen la manifestación y la realidad.

-

3. ¿Cómo se puede practicar la "audición perceptiva" para mejorar la realidad?

- **Respuesta:** Practicar la escucha perceptiva implica ser selectivo con respecto a la información y las creencias que uno acepta. Esto significa filtrar conscientemente las ideas negativas o limitantes y solo interactuar con los pensamientos y mensajes que se alinean con los propios deseos y aspiraciones. Se requiere disciplina para concentrarse en lo que contribuye positivamente a la propia conciencia.

-

4. ¿Qué quiere decir Neville cuando afirma que "la ley es impersonal y, por lo tanto, no hace acepción de personas"?

- **Respuesta:** Esto significa que los principios de manifestación y conciencia operan de manera uniforme para todos, independientemente de las circunstancias individuales. La ley funciona en base a la conciencia y la creencia, no al mérito o la situación personal, lo que refuerza la idea de que todos tienen el mismo potencial para crear su realidad.

-

5. ¿De qué manera el concepto de "los ricos se vuelven más ricos y los pobres más pobres" refleja los principios de la conciencia?

- **Respuesta:** Este concepto ilustra que quienes son conscientes de su abundancia y cultivan una mentalidad positiva seguirán atrayendo más riqueza y oportunidades. Por el contrario, quienes se identifican con la carencia o la limitación pueden verse aún más atrincherados en esas condiciones. Destaca la importancia de la propia conciencia a la hora de determinar las circunstancias de la vida.

-

6. ¿Cómo sugiere Neville que uno debería reaccionar ante las creencias negativas o el "coro de los que no tienen"?

- **Respuesta:** Neville desaconseja sumarse a la negatividad y, en cambio, alienta a las personas a reconocer y comprender la ley de la expresión. Sugiere que, en lugar de resentirse con quienes lo hacen, uno debería definirse conscientemente en términos de lo que desea y reivindicar esa identidad para manifestarlo.

-

7. ¿Qué quiere decir Neville cuando afirma: "Nada se destruye. Todo se cumple"?

- **Respuesta:** Esta afirmación pone de relieve la idea de que lo que puede parecer una pérdida o una destrucción es en realidad una transformación o una preparación para un nuevo estado del ser. La conciencia se va llenando y expresando constantemente en diferentes formas, y lo que parece perdido a menudo simplemente está dando paso a algo nuevo que emerge.

-

8. ¿Cómo puede uno reclamar conscientemente sus atributos deseados para garantizar que se manifiesten en la realidad?

- **Respuesta:** Para reclamar conscientemente los atributos deseados, uno debe definir y afirmar esas cualidades dentro de sí mismo como realidades presentes. Esto implica adoptar el sentimiento y la mentalidad de poseer ya esos atributos, visualizarlos como verdaderos y mantener esa confianza hasta que se manifiesten en el mundo externo.

-

9. ¿Cómo desafía este capítulo las visiones tradicionales sobre la riqueza y la abundancia?

- **Respuesta:** El capítulo cuestiona la noción de que la riqueza es un recurso finito que puede redistribuirse. En cambio, enfatiza que la abundancia es un estado de conciencia que los individuos pueden cultivar. Esta perspectiva desplaza el foco de atención de las circunstancias externas a las creencias internas como la verdadera fuente de riqueza y éxito.

-

10. ¿Qué pasos prácticos podemos dar para encarnar las enseñanzas de este capítulo?

- **Respuesta:** Los pasos prácticos incluyen afirmaciones diarias que refuerzan los sentimientos de abundancia, participar en prácticas de visualización donde uno se ve a sí mismo viviendo su realidad deseada, rodeándose de influencias positivas y monitoreando y ajustando constantemente sus creencias y su diálogo interno para alinearlos con sus objetivos.

CAPÍTULO ONCE

NAVIDAD

He aquí que la virgen concebirá y dará a luz un hijo, y llamarás su nombre Emanuel, que traducido significa: Dios con nosotros.
Mateo 1:23

Una de las afirmaciones más controvertidas del Nuevo Testamento se refiere a la concepción virginal y al posterior nacimiento de Jesús, una concepción en la que no intervino ningún hombre. Se dice que una virgen concibió un hijo sin la ayuda de ningún hombre y que luego, en secreto y sin esfuerzo, dio a luz a su concepción. Este es el fundamento sobre el que se apoya toda la cristiandad.

Al mundo cristiano se le pide que crea esta historia, porque el hombre debe creer lo increíble para expresar plenamente la grandeza que es.

Científicamente, el hombre podría inclinarse a descartar toda la Biblia como falsa porque su razón no le permite creer que el nacimiento virginal es fisiológicamente posible, pero la Biblia es un mensaje del alma y debe ser interpretada psicológicamente si el hombre ha de descubrir su verdadera simbología. El hombre debe ver esta historia como un drama psicológico más que como una declaración de hechos físicos. Al hacerlo, descubrirá que la Biblia se basa en una ley que, si se aplica a sí mismo, dará como resultado una expresión manifiesta que trascienda sus sueños más descabellados de realización. Para aplicar esta ley de autoexpresión, el hombre debe ser instruido en la creencia y disciplinado para permanecer en la plataforma de que "todas las cosas son posibles para Dios".

Las fechas dramáticas más destacadas del Nuevo Testamento, a saber, el nacimiento, la muerte y la resurrección de Jesús, fueron cronometradas y fechadas para que coincidieran con ciertos fenómenos astronómicos. Los místicos que registraron esta historia notaron que en ciertas estaciones del año los cambios beneficiosos en la tierra coincidían con los cambios astronómicos en el cielo. Al escribir este drama psicológico, personificaron la historia del alma como la biografía del hombre. Utilizando estos cambios cósmicos, marcaron el nacimiento y la resurrección de Jesús para transmitir que los mismos cambios beneficiosos tienen lugar psicológicamente en la conciencia del hombre cuando éste sigue la ley.

Incluso para quienes no logran comprenderla, la historia de la Navidad es una de las más hermosas jamás contadas. Cuando se la analiza a la luz de su simbolismo místico, se revela como el verdadero nacimiento de cada manifestación en el mundo.

Se registra que este nacimiento virginal tuvo lugar el 25 de diciembre o, como lo celebran ciertas sociedades secretas, en la víspera de Navidad, a la medianoche del 24 de diciembre. Los místicos establecieron esta fecha para marcar el nacimiento de Jesús porque estaba en consonancia con los grandes beneficios terrenales que significa este cambio astronómico.

Las observaciones astronómicas que llevaron a los autores de este drama a utilizar estas fechas se realizaron en el hemisferio norte, por lo que desde un punto de vista astronómico sería lo contrario si se observara desde las latitudes meridionales. Sin embargo, esta historia se registró en el norte y, por lo tanto, se basó en observaciones desde el norte.

El hombre descubrió muy pronto que el sol desempeñaba un papel importantísimo en su vida, que sin él no podría existir la vida física tal como la conocía. Así pues, estas fechas tan importantes de la historia de la vida de Jesús se basan en la posición del sol tal como se lo ve desde la Tierra en las latitudes septentrionales.

Después de que el sol alcanza su punto más alto en los cielos en junio, cae gradualmente hacia el sur, llevándose consigo la vida del mundo vegetal, de modo que en diciembre casi toda la naturaleza se ha calmado. Si el sol continuara cayendo hacia el sur, toda la naturaleza se calmaría hasta la muerte. Sin embargo, el 25 de diciembre, el sol comienza su gran movimiento hacia el norte, trayendo consigo la promesa de salvación y vida nueva para el mundo. Cada día, a medida que el sol se eleva más alto en los cielos, el hombre gana confianza en salvarse de la muerte por frío y hambre, porque sabe que a medida que se mueve hacia el norte y cruza el ecuador, toda la naturaleza se levantará de nuevo, resucitará de su largo sueño invernal.

Nuestro día se mide de media noche a media noche, y, como el día visible comienza en el este y termina en el oeste, los antiguos decían que el día nacía de aquella constelación que ocupaba el horizonte oriental a media noche. En la víspera de Navidad, o media noche del 24 de diciembre, la constelación de Virgo está saliendo en el horizonte oriental. Así se registra que este hijo y salvador del mundo nació de una virgen. También se registra que esta madre virgen estaba viajando durante la noche, que se detuvo en una posada y se le dio la única habitación disponible entre los animales y allí en un pesebre, donde los animales comían, los pastores encontraron al Santo Niño.

Los animales con los que se alojó la Santísima Virgen son los animales sagrados del zodíaco. Allí, en ese círculo de animales astronómicos en constante movimiento, se encuentra la Santa Madre, Virgo, y allí la veréis cada medianoche del 24 de diciembre, de pie en el horizonte oriental mientras el sol y salvador del mundo emprende su viaje hacia el norte.

Psicológicamente, este nacimiento tiene lugar en el hombre el día en que descubre que su conciencia es el sol y el salvador de su mundo. Cuando el hombre conoce el significado de esta afirmación mística: "Yo soy la luz del mundo", se dará cuenta de que su YO SOY, o conciencia, es el sol de su vida, sol que irradia imágenes sobre la pantalla del espacio. Estas imágenes son a semejanza de aquello que él, como hombre, es consciente de ser. Por lo tanto, las cualidades y atributos que parecen moverse en la pantalla de su mundo son en realidad proyecciones de esta luz desde su interior.

Las innumerables esperanzas y ambiciones no realizadas del hombre son las semillas que están enterradas dentro de la conciencia o el vientre virginal del hombre. Allí permanecen como las semillas de la tierra, retenidas en el gélido desierto del invierno, esperando que el sol se mueva hacia el norte o que el hombre regrese al conocimiento de quién es. Al regresar, se mueve hacia el norte a través del reconocimiento de su verdadero ser al afirmar: "YO SOY la luz del mundo".

Cuando el hombre descubra que su conciencia o YO SOY es Dios, el salvador de su mundo, será como el sol en su paso hacia el norte. Todos los impulsos y ambiciones ocultos serán entonces calentados y estimulados hasta el nacimiento por este conocimiento de su verdadero ser. Afirmará que es lo que hasta ahora esperaba ser. Sin la ayuda de ningún hombre, se definirá a sí mismo como aquello que desea expresar. Descubrirá que su YO SOY es la virgen que concibe sin la ayuda del hombre, que todas las concepciones de sí mismo, cuando se sientan y se fijen en la conciencia, se encarnarán fácilmente como realidades vivientes en su mundo.

Un día el hombre comprenderá que todo este drama tiene lugar en su conciencia, que su conciencia incondicionada o YO SOY es la Virgen María que desea expresarse, que a través de esta ley de autoexpresión él se define como aquello que desea expresar y que sin la ayuda o cooperación de nadie expresará aquello que conscientemente ha reclamado y definido como tal. Entonces comprenderá por qué la Navidad se fija en el 25 de diciembre, mientras que la Pascua es una fecha movible; por qué toda la cristiandad descansa en la concepción virginal; que su conciencia es el vientre virginal o la novia del Señor que recibe impresiones como autoimpregnaciones y luego, sin ayuda, encarna estas impresiones como expresiones de su vida.

PREGUNTAS Y RESPUESTAS DE REFLEXIÓN

1. ¿Qué quiere decir Neville al interpretar el nacimiento virginal psicológicamente en lugar de literalmente?

- **Respuesta:** Neville sugiere que el nacimiento virginal simboliza el poder creativo de la conciencia, más que un acontecimiento físico. Representa la capacidad de un individuo de concebir ideas y deseos desde su interior, sin influencia externa, y manifestarlos en la realidad a través del poder de la autoconciencia.

-

2. ¿Cómo se relaciona el significado astronómico del 25 de diciembre con la transformación personal?

- **Respuesta:** El 25 de diciembre marca el momento en que el sol inicia su viaje hacia el norte, simbolizando el renacimiento y la renovación en la naturaleza. Este evento es paralelo al renacimiento psicológico que ocurre dentro de los individuos cuando se dan cuenta de su propia conciencia (YO SOY) como la fuente de vida y creatividad, lo que conduce a la transformación personal y la manifestación de los deseos.

-

3. ¿De qué manera la comprensión de la propia conciencia como la "luz del mundo" puede influir en la propia vida?

- **Respuesta:** Reconocerse a uno mismo como la "luz del mundo" permite a las personas apropiarse de sus experiencias y realidades. Fomenta un sentido de autonomía, permitiéndoles manifestar sus deseos y aspiraciones cambiando su autoconcepto y abrazando su potencial inherente.

-

4. ¿Cuáles son las "semillas de esperanzas y ambiciones no realizadas" mencionadas en el capítulo, y cómo podemos nutrirlas?

- Respuesta: Estas semillas representan deseos y aspiraciones latentes que existen en la conciencia de una persona pero que aún no se han realizado. Para alimentarlas es necesario cultivar una actitud positiva, realizar una autorreflexión y afirmar conscientemente la propia identidad y el potencial para hacer realidad esos deseos.

-

5. ¿Por qué Neville enfatiza la importancia de afirmar "YO SOY" en el proceso de manifestación?

- Respuesta: La frase "YO SOY" significa el reconocimiento del verdadero yo y del poder inherente de uno mismo. Al afirmar "YO SOY", las personas se alinean con las cualidades y experiencias que desean, reforzando su creencia en su capacidad para crear y manifestar esas realidades en sus vidas.

-

6. ¿Cómo sirve la historia de Navidad como metáfora del crecimiento personal y el autodescubrimiento?

- **Respuesta:** La historia de Navidad simboliza el viaje de autodescubrimiento y el despertar del potencial interior. Así como el nacimiento virginal representa la concepción de nuevas ideas y vida, los individuos pueden experimentar su propia transformación al darse cuenta de que su conciencia es la fuente de su existencia y creatividad.

-

7. ¿Qué papel juega el concepto de "autoimpregnación" en la manifestación personal?

- **Respuesta:** La autoimpregnación se refiere al proceso de aceptar y encarnar conscientemente nuevas ideas o cualidades dentro de uno mismo. Resalta la idea de que los individuos tienen el poder de crear sus realidades a través de sus pensamientos, creencias y autoconcepto, dando lugar a manifestaciones tangibles en sus vidas.

-

8. ¿Cómo se puede superar el escepticismo hacia los relatos bíblicos y aplicar sus enseñanzas en un contexto moderno?

- **Respuesta:** Para superar el escepticismo es necesario reconocer las verdades simbólicas y psicológicas que se esconden en las historias, en lugar de descartarlas como meros mitos. Al centrarse en los principios universales de conciencia, manifestación y autoconciencia que transmiten estas historias, las personas pueden aplicar sus enseñanzas para mejorar su crecimiento personal y sus experiencias de vida.

-

9. ¿Qué importancia atribuye Neville al viaje del sol en relación con la conciencia humana?

- **Respuesta:** El viaje del sol representa el ciclo de crecimiento, renovación e iluminación de la conciencia humana. A medida que el sol sale e ilumina el mundo, también la conciencia del verdadero yo aporta claridad y vitalidad, lo que permite a las personas superar las limitaciones y alcanzar su máximo potencial.

-

10. ¿Cómo pueden las enseñanzas de este capítulo inspirar una celebración más profunda de la Navidad?

- **Respuesta:** Comprender el significado místico y psicológico de la Navidad puede inspirar a las personas a celebrar no solo el acontecimiento histórico, sino también el potencial transformador que hay en ellas mismas. Al acoger el mensaje de renacimiento, creatividad y autodescubrimiento, la Navidad puede convertirse en un momento de reflexión, empoderamiento y compromiso con la manifestación de los deseos más profundos.

CAPÍTULO DOCE

CRUCIFIXIÓN Y RESURRECCIÓN

**Yo soy la Resurrección y la Vida; el que cree en mí,
aunque esté muerto, vivirá.
JUAN 11:25**

El misterio de la crucifixión y de la resurrección está tan entrelazado que para comprenderlo plenamente, ambos deben explicarse juntos, pues uno determina al otro. Este misterio está simbolizado en la tierra en los rituales del Viernes Santo y de la Pascua. Habéis observado que el aniversario de este acontecimiento cósmico, anunciado cada año por la Iglesia, no es una fecha fija como otros aniversarios que marcan nacimientos y muertes, sino que este día cambia de año en año y cae en cualquier momento entre el 22 de marzo y el 25 de abril.

El día de la resurrección se determina de esta manera. El primer domingo después de la luna llena en Aries se celebra la Pascua. Aries comienza el día 21 de marzo y termina aproximadamente el día 19 de abril. La entrada del sol en Aries marca el comienzo de la primavera. La luna en su tránsito mensual alrededor de la tierra formará en algún momento entre el 21 de marzo y el 25 de abril una oposición al sol, oposición que se llama luna llena. El primer domingo después de que ocurre este fenómeno de los cielos se celebra como Pascua; el viernes anterior a este día se observa como Viernes Santo.

Esta fecha movible debería indicar al observador que busque una interpretación distinta a la comúnmente aceptada. Estos días no marcan los aniversarios de la muerte y resurrección de un individuo que vivió en la tierra.

Visto desde la tierra, el sol, en su paso hacia el norte, parece cruzar en la estación primaveral del año la línea imaginaria que el hombre llama ecuador. Por eso, el místico dice que el sol debe ser crucificado para que el hombre pueda vivir. Es significativo que poco después de que este acontecimiento tenga lugar, toda la naturaleza comience a levantarse o resucitar de su largo sueño invernal. Por lo tanto, se puede concluir que esta perturbación de la naturaleza, en esta estación del año, se debe directamente a este cruce. Por lo tanto, se cree que el sol debe derramar su sangre en la Pascua.

Si estos días marcaran la muerte y resurrección de un hombre, se fijarían de modo que cayeran en la misma fecha todos los años, como se fijan todos los demás acontecimientos históricos, pero obviamente no es así. Estas fechas no tenían por objeto marcar los aniversarios de la muerte y resurrección de Jesús, el hombre. Las escrituras son dramas psicológicos y revelarán su significado sólo si se interpretan psicológicamente. Estas fechas se ajustan para que coincidan con el cambio cósmico que ocurre en esta época del año, que marca la muerte del año viejo y el comienzo o resurrección del año nuevo o primavera. Estas fechas sí simbolizan la muerte y resurrección del Señor; pero este Señor no es un hombre; es tu conciencia de ser. Está registrado que Él dio Su vida para que pudieras vivir: "YO SOY quien ha venido para que tengáis vida y para que la tengáis en abundancia". La conciencia se mata a sí misma al desprenderse de aquello que es consciente de ser, para poder vivir para aquello que desea ser.

La primavera es la época del año en que los millones de semillas que durante todo el invierno estuvieron enterradas en la tierra, de repente brotan a la luz para que el hombre pueda vivir; y, como el drama místico de la crucifixión y la resurrección está en la naturaleza de este cambio anual, se celebra en esta estación primaveral del año; pero, en realidad, está teniendo lugar en cada momento del tiempo. El ser que es crucificado es tu conciencia de ser. La cruz es tu concepción de ti mismo. La resurrección es la elevación a la visibilidad de esta concepción de ti mismo.

Lejos de ser un día de duelo, el Viernes Santo debería ser un día de regocijo, pues no puede haber resurrección ni expresión a menos que primero haya una crucifixión o impresión. Lo que debe resucitar en tu caso es aquello que deseas ser. Para ello, debes sentir que eres lo deseado. Debes sentir que "YO SOY la resurrección y la vida del deseo". YO SOY (tu conciencia de ser) es el poder que resucita y da vida a aquello que en tu conciencia deseas ser.

"Dos se pondrán de acuerdo en tocar cualquier cosa y yo la estableceré en la tierra". Los dos que se ponen de acuerdo son tú (tu conciencia, la conciencia que desea) y la cosa deseada. Cuando se alcanza este acuerdo, la crucifixión se completa; dos se han cruzado o se han cruzado entre sí. YO SOY y AQUELLO, la conciencia y aquello que tú eres consciente de ser, se han unido y son uno. YO SOY ahora clavado o fijado en la creencia de que YO SOY esta fusión. Jesús o YO SOY está clavado en la cruz de eso. El clavo que te ata a la cruz es el clavo del sentimiento. La unión mística ahora está consumada y el resultado será el nacimiento de un niño o la resurrección de un hijo que da testimonio de su Padre. La conciencia está unida a aquello que es consciente de ser. El mundo de la expresión es el niño que confirma esta unión. El día que dejes de ser consciente de ser aquello que ahora eres consciente de ser, ese día tu hijo o expresión morirá y regresará al seno de su padre, la conciencia sin rostro ni forma.

Todas las expresiones son el resultado de esas uniones místicas. Por eso los sacerdotes tienen razón cuando dicen que los matrimonios verdaderos se hacen en el cielo y sólo pueden disolverse en el cielo. Pero permítanme aclarar esta afirmación diciéndoles que el cielo no es una localidad; es un estado de conciencia. El Reino de los Cielos está dentro de ustedes. En el cielo (la conciencia) Dios es tocado por aquello que él es consciente de ser. "¿Quién me ha tocado? Porque percibo que ha salido virtud de mí". En el momento en que este toque (sensación) tiene lugar, se produce una descendencia o una salida de mí hacia la visibilidad.

El día que el hombre siente "YO SOY libre", "YO SOY rico", "YO SOY fuerte", Dios (YO SOY) es tocado o crucificado por estas cualidades o virtudes. Los resultados de tal contacto o crucifixión se verán en el nacimiento o resurrección de las cualidades sentidas, pues el hombre debe tener una confirmación visible de todo lo que es consciente de ser. Ahora sabrás por qué el hombre o la manifestación siempre está hecho a imagen de Dios. Tu conciencia imagina y exterioriza todo lo que eres consciente de ser.

"YO SOY el Señor y fuera de mí no hay Dios". YO SOY la Resurrección y la Vida. Te quedarás firme en la creencia de que eres aquello que deseas ser. Antes de que tengas ninguna prueba visible de que lo eres, sabrás, a partir de la profunda convicción que has sentido fijada en tu interior, que lo eres; y así, sin esperar la confirmación de tus sentidos, exclamarás: "Está terminado". Entonces, con una fe nacida del conocimiento de esta ley inmutable, serás como un muerto y sepultado; permanecerás quieto e inamovible en tu convicción y confiado en que resucitarás las cualidades que has fijado y que estás sintiendo dentro de ti.

PREGUNTAS Y RESPUESTAS DE REFLEXIÓN

1. ¿Cómo interpreta Neville la relación entre la crucifixión y la resurrección?

- **Respuesta:** Neville interpreta la crucifixión y la resurrección como procesos interconectados que simbolizan el ciclo de autoconocimiento y transformación. La crucifixión representa el proceso de dejar atrás las viejas concepciones de uno mismo, mientras que la resurrección significa el surgimiento de nuevas identidades y potenciales a través de la conciencia.

-

2. ¿Qué importancia tiene el cambio de fecha de la Pascua para comprender los rituales que la rodean?

- **Respuesta:** El cambio de fecha de la Pascua sugiere que estos rituales no son eventos históricos fijos, sino que representan cambios cósmicos cíclicos. Simbolizan los procesos psicológicos y espirituales de muerte y renacimiento dentro de la conciencia de los individuos, marcando la oportunidad continua de transformación personal.

-

3. ¿De qué manera Neville conecta el concepto de conciencia con la crucifixión?

- **Respuesta:** Neville relaciona la conciencia con la crucifixión al afirmar que la conciencia de ser es lo que se crucifica. Esto significa que al desprenderse de creencias y autoconcepciones limitantes, los individuos pueden transformar su conciencia, permitiendo que surjan nuevos deseos y potenciales.

-

4. ¿Cómo podemos participar activamente en nuestra propia "resurrección" según las enseñanzas de Neville?

- **Respuesta:** Para participar activamente en la propia resurrección, las personas deben encarnar los sentimientos y creencias asociados con el estado deseado. Al afirmar las afirmaciones "YO SOY" que reflejan sus aspiraciones, alinean su conciencia con esas cualidades, y finalmente las manifiestan.

-

5. ¿Qué quiere decir Neville con la frase "la cruz es tu concepción de ti mismo"?

- **Respuesta:** Esta frase sugiere que las limitaciones y creencias sobre uno mismo son las que atan a un individuo, de manera similar a cómo Jesús estuvo atado a la cruz. Para experimentar la transformación, uno debe cambiar su autoconcepción para permitir que se manifiesten nuevas identidades y realidades.

-

6. ¿Por qué Neville afirma que el Viernes Santo debería ser un día de regocijo y no de luto?

- **Respuesta:** Neville afirma que el Viernes Santo debería ser un día de regocijo porque marca el proceso necesario de despojarse de las viejas identidades (crucifixión) que debe ocurrir antes de que pueda surgir una nueva vida (resurrección). Es una celebración de la transformación, no de la pérdida.

-

7. ¿Cómo la unión del "YO SOY" y el estado deseado crea una nueva realidad?

- **Respuesta:** La unión del "YO SOY" (la propia autoconciencia) con el estado deseado significa que un individuo ha abrazado y se ha identificado plenamente con su aspiración. Esta fusión crea una poderosa convicción que hace que ese estado se manifieste, a medida que la conciencia proyecta lo que cree y siente.

-

8. ¿De qué manera pueden verse los sentimientos como "los clavos que unen" a alguien a su realidad deseada?

- **Respuesta:** Los sentimientos se describen como "los clavos que unen" porque son la fuerza que solidifica la creencia y la identidad de una persona. Cuando una persona siente genuinamente que encarna su estado deseado, ese sentimiento consolida su creencia y alinea su conciencia con esa realidad, haciendo inevitable su manifestación.

-

9. ¿Qué quiere decir Neville cuando afirma: "Todas las expresiones son el resultado de tales uniones místicas"?

- **Respuesta:** Esto significa que todo lo que se manifiesta en la vida de un individuo es el resultado de una conexión profunda entre su conciencia y sus deseos. Cuando la conciencia de uno se alinea con lo que desea expresar, esa alineación da origen a la manifestación física de esos deseos.

-

10. ¿Cómo podemos aplicar las enseñanzas de este capítulo para superar los desafíos de nuestra vida?

- **Respuesta:** Para superar los desafíos, las personas pueden aplicar estas enseñanzas identificando y transformando las autoconcepciones limitantes mediante la concienciación y la afirmación. Al reivindicar las cualidades que desean y sentirlas como reales, pueden cambiar sus circunstancias, lo que permite el crecimiento personal y la manifestación de sus aspiraciones.

CAPÍTULO TRECE

LAS YO-PRESIONES

**Y así como hemos llevado la imagen del terrenal, llevaremos también la imagen del celestial.
1 Corintios 15:49**

Tu conciencia o tu YO SOY es el potencial ilimitado sobre el cual se crean las impresiones. Las impresiones del YO SOY son estados definidos que se imprimen sobre tu YO SOY.

Tu conciencia o tu YO SOY puede compararse con una película sensible al tacto. En el estado virgen, es potencialmente ilimitada. Puedes imprimir o grabar un mensaje de amor o un himno de odio, una sinfonía maravillosa o un jazz discordante. No importa cuál sea la naturaleza de la impresión; tu YO SOY recibirá y sostendrá voluntariamente todas las impresiones sin un murmullo.

Tu conciencia es aquella a la que se refiere Isaías 53:3-7.

"Despreciado y desechado entre los hombres, varón de dolores, experimentado en quebranto; y como que escondimos de él el rostro, fue menospreciado, y no lo estimamos."

"Ciertamente llevó él nuestras enfermedades, y sufrió nuestros dolores; y nosotros le tuvimos por azotado, por herido de Dios y abatido."

"Mas él herido fue por nuestras rebeliones, molido por nuestros pecados; el castigo de nuestra paz fue sobre él, y por su llaga fuimos nosotros curados."

"Todos nosotros nos descarriamos como ovejas, cada cual se apartó por su camino; mas Jehová cargó en él el pecado de todos nosotros."

"Angustiado él, y afligido, no abrió su boca; como cordero fue llevado al matadero; y como oveja delante de sus trasquiladores, enmudeció, y no abrió su boca."

Tu conciencia incondicionada es impersonal; no hace acepción de personas. Sin pensarlo ni esforzarse, expresa automáticamente toda impresión que se le impone. No se opone a ninguna impresión que se le imponga, pues, aunque es capaz de recibir y expresar todos y cada uno de los estados definidos, sigue siendo para siempre un potencial inmaculado e ilimitado.

Tu YO SOY es el fundamento sobre el que reposa el estado definido o la concepción que tienes de ti mismo; pero no está definido por dichos estados definidos ni depende de ellos para existir. Tu YO SOY no se expande ni se contrae; nada lo altera ni le añade nada. Antes de que existiera cualquier estado definido, ÉL es. Cuando todos los estados dejen de existir, ÉL es. Todos los estados definidos o concepciones que tienes de ti mismo no son más que expresiones efímeras de tu ser eterno.

Estar impresionado es sentirse presionado (YO SOY presionado, primera persona, tiempo presente). Todas las expresiones son el resultado de las impresiones del Yo soy. Sólo cuando afirmes ser lo que deseas ser, expresarás esos deseos. Deja que todos los deseos se conviertan en impresiones de cualidades que son, no de cualidades que serán. Yo soy (tu conciencia) es Dios y Dios es la plenitud de todo, el Eterno AHORA, YO SOY.

No pienses en el mañana; las impresiones del mañana están determinadas por las impresiones de hoy. "Ahora es el tiempo aceptable. El Reino de los Cielos está cerca". Jesús (la salvación) dijo: "Yo estoy con vosotros siempre". Tu conciencia es el salvador que está contigo siempre; pero, si lo niegas, Él te negará también. Lo niegas al afirmar que Él aparecerá, como millones de personas afirman hoy que la salvación está por venir; esto es el equivalente a decir: "No estamos salvos". Debes dejar de esperar que aparezca tu salvador y comenzar a afirmar que ya estás salvo, y las señales de tus afirmaciones seguirán.

Cuando le preguntaron a la viuda qué tenía en su casa, reconoció que tenía algo sustancial; su petición eran unas gotas de aceite. Unas gotas se convertirán en un manantial si se reclaman adecuadamente. Tu conciencia magnifica toda la conciencia. Afirmar que tendré aceite (alegría) es confesar que tengo medidas vacías. Esas impresiones de carencia producen carencia. Dios, tu conciencia, no hace acepción de personas. Puramente impersonal, Dios, esta conciencia de toda la existencia, recibe impresiones, cualidades y atributos que definen la conciencia, es decir, tus impresiones.

Cada uno de tus deseos debería estar determinado por la necesidad. Las necesidades, ya sean aparentes o reales, se cumplirán automáticamente cuando se las acepte con la suficiente intensidad de propósito como deseos definidos. Sabiendo que tu conciencia es Dios, deberías considerar cada deseo como la palabra hablada de Dios, que te dice lo que es. "Dejaos del hombre, cuyo aliento está en su nariz; porque ¿en qué se le puede contar?" Siempre somos aquello que se define por nuestra conciencia. Nunca afirmes: "Yo seré eso". Que todas tus afirmaciones a partir de ahora sean: "YO SOY EL QUE SOY". Antes de que preguntemos, recibimos la respuesta. La solución de cualquier problema asociado con el deseo es obvia. Todo problema produce automáticamente el deseo de solución.

El hombre está instruido en la creencia de que sus deseos son cosas contra las cuales debe luchar. En su ignorancia, niega a su salvador, que está constantemente llamando a la puerta de la conciencia para que lo dejen entrar (YO SOY la puerta). ¿No lo salvaría de su problema si se hiciera realidad su deseo? Dejar entrar a su salvador es lo más fácil del mundo. Las cosas deben ser, para que se les permita entrar. Usted es consciente de un deseo; el deseo es algo de lo que es consciente ahora. Su deseo, aunque invisible, debe ser afirmado por usted para que sea algo que es real. "Dios llama a las cosas que no son (no se ven) como si fueran".

Al afirmar que YO SOY lo deseado, dejo entrar al salvador. "He aquí, yo estoy a la puerta y llamo; si alguno oye mi voz y abre la puerta, entraré a él, y cenaré con él, y él conmigo". Todo deseo es el llamado del salvador a la puerta. Todo hombre oye este llamado. El hombre abre la puerta cuando afirma: "YO SOY". Asegúrate de dejar entrar a tu salvador. Deja que lo deseado se presione sobre ti hasta que estés presionado por el Yo soy con el ahora de tu salvador; entonces, lanza el grito de victoria: "Consumado es".

PREGUNTAS Y RESPUESTAS DE REFLEXIÓN

1. ¿Qué se entiende por el término "I'm-pressions" en este capítulo?

- **Respuesta:** Las "expresiones YO SOY" se refieren a las impresiones o estados definidos que se imprimen en la conciencia de uno (YO SOY). Destacan cómo nuestra conciencia puede verse influenciada y moldeada por diversas experiencias, emociones y pensamientos.

-

2. ¿Cómo describe Neville la naturaleza de la conciencia (YO SOY)?

- **Respuesta:** Neville describe la conciencia (YO SOY) como un potencial ilimitado, impersonal y capaz de recibir y expresar cualquier impresión sin objeción. Es la base de todos los estados definidos del ser, pero permanece inmutable y eterna independientemente de esos estados.

-

3. ¿Cómo se relaciona la conciencia con los deseos según las enseñanzas de Neville?

- **Respuesta:** Según Neville, la conciencia es fundamental para manifestar los deseos. Para hacer realidad un deseo, uno debe afirmar que ya encarna ese deseo, diciendo "YO SOY EL QUE SOY", en lugar de expresarlo como algo que sucederá en el futuro.

-

4. ¿Por qué Neville enfatiza la importancia de reclamar los propios deseos en tiempo presente?

- **Respuesta:** Neville enfatiza esto para destacar que la conciencia opera en el momento presente. Al reclamar deseos en tiempo presente, los individuos alinean su conciencia con sus aspiraciones, facilitando su manifestación en la realidad.

-

5. ¿Qué quiere decir Neville cuando afirma: "No os preocupéis por el mañana"?

- **Respuesta:** Esta frase sugiere que las personas deben centrarse en sus pensamientos e impresiones actuales, ya que estos determinan sus experiencias futuras. Al permanecer presentes y conscientes de sus deseos, pueden dar forma a su realidad sin preocuparse por lo que está por venir.

-

6. ¿Cómo se relaciona la referencia bíblica sobre la viuda con el concepto de conciencia?

- **Respuesta:** El reconocimiento de la viuda de tener sólo unas gotas de aceite simboliza la importancia de reconocer los recursos y el potencial actuales. Al reclamar incluso una pequeña cantidad de alegría o abundancia, uno puede magnificar esa conciencia y atraer una mayor satisfacción.

-

7. ¿Cómo puede uno cambiar su perspectiva sobre los deseos, desde la lucha a la aceptación según Neville?

- **Respuesta:** Al comprender que los deseos son expresiones de la propia conciencia y reconocerlos como oportunidades de crecimiento, las personas pueden dejar de verlos como cargas a aceptarlos como invitaciones a realizar su verdadero potencial.

-

8. ¿Qué papel juega la frase "YO SOY Él" a la hora de dejar entrar al salvador?

- **Respuesta:** La frase "YO SOY ÉL" representa el reconocimiento del propio poder y capacidad para encarnar el estado deseado. Al afirmarlo, el individuo se abre a recibir y manifestar sus deseos, permitiendo que su conciencia exprese lo que realmente desea.

-

9. ¿Cómo vincula Neville el acto de reclamar deseos con los conceptos espirituales de salvación?

- **Respuesta:** Neville vincula la reivindicación de los deseos con el concepto espiritual de la salvación, al sugerir que reconocer y aceptar los propios deseos es similar a dejar que el aspecto divino de la conciencia entre y transforme la propia vida. Este acto de aceptación se considera un camino hacia la liberación y la realización personal.

-

10. ¿De qué manera pueden las personas practicar las enseñanzas de este capítulo en su vida diaria?

- **Respuesta:** Las personas pueden practicar estas enseñanzas afirmando conscientemente sus deseos en tiempo presente, siendo conscientes de sus pensamientos y sentimientos y reconociendo su poder inherente para dar forma a su realidad. Practicar regularmente la visualización y encarnar las cualidades deseadas puede ayudar a reforzar esta conciencia.

CAPÍTULO CATORCE

CIRCUNCISIÓN

**En él también fuisteis circuncidados con circuncisión
no hecha a mano, al echar de vosotros el cuerpo
pecaminoso carnal, mediante la circuncisión de Cristo.
Colosenses 2:11**

La circuncisión es la operación que quita el velo que oculta la cabeza de la creación. El acto físico no tiene nada que ver con el acto espiritual. Todo el mundo podría estar circuncidado físicamente y, sin embargo, seguir siendo impuro y ciego, guía de ciegos. A los circuncidados espiritualmente se les ha quitado el velo de las tinieblas y saben que son Cristo, la luz del mundo.

Ahora permíteme que realice en ti, lector, la operación espiritual. Este acto se lleva a cabo el octavo día después del nacimiento, no porque este día tenga algún significado especial o sea diferente de los demás días, sino porque el ocho es la cifra que no tiene principio ni fin. Además, los antiguos simbolizaban el octavo número o letra como un recinto o velo dentro y detrás del cual yacía enterrado el misterio de la creación. Así pues, el secreto de la operación del octavo día está en consonancia con la naturaleza del acto, que consiste en revelar la cabeza eterna de la creación, ese algo inmutable en el que todas las cosas comienzan y terminan y, sin embargo, sigue siendo su ser eterno cuando todas las cosas dejan de ser. Ese algo misterioso es tu conciencia de ser.

En este momento eres consciente de ser, pero también eres consciente de ser alguien. Ese alguien es el velo que oculta el ser que realmente eres. Primero eres consciente de ser, luego eres consciente de ser hombre. Después de que el velo del hombre es colocado sobre tu ser sin rostro, te vuelves consciente de ser miembro de cierta raza, nación, familia, credo, etc. El velo que debe ser levantado en la circuncisión espiritual es el velo del hombre. Pero antes de que esto pueda hacerse, debes cortar las adherencias de raza, nación, familia, etc. "En Cristo no hay griego ni judío, esclavo ni libre, hombre ni mujer". "Debes dejar padre, madre y hermano y seguirme". Para lograr esto, dejas de identificarte con estas divisiones volviéndote indiferente a tales afirmaciones. La indiferencia es el cuchillo que corta. El sentimiento es el lazo que une. Cuando puedas considerar al hombre como una gran hermandad sin distinción de raza o credo, entonces sabrás que has cortado estas adherencias. Con estos lazos cortados, todo lo que ahora te separa de tu verdadero ser es tu creencia de que eres hombre.

Para quitarte este último velo, abandona tu concepción de ti mismo como hombre, reconociéndote simplemente como ser. En lugar de la conciencia de "YO SOY hombre", deja que haya simplemente "YO SOY", sin rostro, sin forma y sin figura. Estás espiritualmente circuncidado cuando abandonas la conciencia de hombre y tu conciencia incondicionada de ser se te revela como la cabeza eterna de la creación, una presencia omnisciente, sin forma y sin rostro. Entonces, sin velo y despierto, declararás y sabrás que YO SOY es Dios y que fuera de mí, esta conciencia, no hay Dios.

Este misterio se cuenta simbólicamente en la historia bíblica de Jesús lavando los pies de sus discípulos. Está registrado que Jesús se quitó su manto, tomó una toalla y se la ciñó. Luego, después de lavar los pies de sus discípulos, los secó con la toalla con la que estaba ceñido. Pedro protestó por el lavado de sus pies y le dijeron que a menos que se los lavaran, no tendría parte con Jesús. Al oír esto, Pedro respondió: "Señor, no sólo mis pies, sino también mis manos y mi cabeza". Jesús respondió y dijo: "El que está lavado, no necesita lavarse más que los pies, pues está todo limpio".

El sentido común le diría al lector que un hombre no está completamente limpio sólo porque le hayan lavado los pies. Por lo tanto, debería descartar esta historia como fantástica o buscar su significado oculto. Cada historia de la Biblia es un drama psicológico que tiene lugar en la conciencia del hombre, y ésta no es una excepción. Este lavatorio de pies de los discípulos es la historia mística de la circuncisión espiritual o la revelación de los secretos del Señor.

Jesús es llamado el Señor. Se te dice que el nombre del Señor es YO SOY, Je Suis. "YO SOY el Señor, ese es mi nombre", Isaías 42:8. La historia dice que Jesús estaba desnudo, salvo por una toalla que cubría sus lomos o secretos. Jesús o el Señor simboliza tu conciencia de ser cuyos secretos están ocultos por la toalla (la conciencia del hombre). El pie simboliza el entendimiento que debe ser lavado de todas las creencias o concepciones humanas de sí mismo por el Señor. Cuando se quita la toalla para secar los pies, se revelan los secretos del Señor. En resumen, la eliminación de la creencia de que eres hombre revela tu conciencia como la cabeza de la creación. El hombre es el prepucio que esconde la cabeza de la creación. YO SOY el Señor oculto por el velo del hombre.

PREGUNTAS Y RESPUESTAS DE REFLEXIÓN

1. ¿Cuál es el significado de la circuncisión en el contexto espiritual descrito por Neville?

- **Respuesta:** En este contexto espiritual, la circuncisión simboliza la eliminación del velo que oculta la verdadera esencia de la persona: la conciencia de ser. Es una metáfora de desprenderse de las falsas identidades y creencias para revelar la divinidad inherente que hay en el interior.

-

2. ¿Cómo diferencia Neville entre la circuncisión física y la circuncisión espiritual?

- **Respuesta:** Neville afirma que la circuncisión física no equivale a la limpieza espiritual ni a la iluminación. La circuncisión espiritual se trata de una transformación interior que revela la verdadera naturaleza de la persona, mientras que la circuncisión física es meramente un acto externo sin significado espiritual inherente.

-

3. ¿Por qué es importante el octavo día en el proceso de la circuncisión espiritual?

- **Respuesta:** El octavo día representa la eternidad y la naturaleza cíclica de la existencia, pues no tiene principio ni fin. Simboliza la revelación de la cabeza eterna de la creación —la conciencia de ser de uno mismo— más allá de la existencia temporal.

-

4. ¿Qué quiere decir Neville cuando afirma: "Primero eres consciente de ser, luego eres consciente de ser hombre"?

- **Respuesta:** Esta afirmación destaca la distinción entre la conciencia pura y las identidades que adoptamos. Antes de identificarnos como una persona particular con etiquetas sociales, simplemente existimos como conciencia. Reconocer esto nos permite trascender las creencias limitantes sobre nosotros mismos.

-

5. ¿Cómo sugiere Neville que las personas pueden lograr la circuncisión espiritual?

- **Respuesta:** Las personas pueden lograr la circuncisión espiritual eliminando sus apegos a la raza, la nacionalidad y otras identidades. Al volverse indiferentes a estas divisiones y abrazar un estado de conciencia pura ("YO SOY"), pueden revelar su verdadero ser.

-

6. ¿Cuál es el significado simbólico de que Jesús lave los pies de sus discípulos?

- **Respuesta:** El acto de lavarse los pies simboliza la purificación de las creencias e identidades humanas. Ilustra la necesidad de eliminar el falso sentido del yo (la toalla que cubre la verdadera esencia) para revelar la propia naturaleza divina.

-

7. ¿Cómo puede la comprensión de uno mismo como "YO SOY" transformar la propia percepción de la realidad?

- **Respuesta:** Aceptar la idea de uno mismo como "YO SOY" permite a las personas trascender sus identidades limitantes y reconocer su divinidad inherente. Este cambio de percepción puede conducir a un mayor empoderamiento y a la capacidad de manifestar deseos desde un lugar de verdadera conciencia.

-

8. ¿Qué papel juega la indiferencia en el proceso de circuncisión espiritual?

- **Respuesta:** La indiferencia actúa como el "cuchillo" que corta los lazos con las identidades y los vínculos falsos. Al ser indiferentes a las etiquetas y divisiones sociales, los individuos pueden liberarse de estas limitaciones y revelar su verdadera esencia.

-

9. ¿Por qué Neville enfatiza que el hombre es un velo que oculta la cabeza de la creación?

- **Respuesta:** Esto pone de relieve que nuestras identidades y concepciones humanas a menudo oscurecen nuestra verdadera naturaleza como conciencia. Al reconocer que estas identidades son transitorias y no nuestra esencia, podemos desvelar el aspecto eterno de nuestro ser, que es nuestro verdadero yo.

-

10. ¿Cómo se pueden aplicar los conocimientos de este capítulo en la vida diaria?

- **Respuesta:** Los lectores pueden aplicar estos conocimientos practicando la autoconciencia y la atención plena, cuestionando sus apegos a las identidades sociales y aceptando afirmaciones de su verdadera naturaleza como "YO SOY". Esta práctica puede conducir a una experiencia de vida más plena y auténtica.

CAPÍTULO QUINCE

INTERVALO DE TIEMPO

No se turbe vuestro corazón; creéis en Dios, creed también en mí. En la casa de mi Padre muchas moradas hay; si así no fuera, yo os lo hubiera dicho. Voy, pues, a preparar lugar para vosotros. Y si me fuere y os prepararé lugar, vendré otra vez, y os tomaré a mí mismo, para que donde yo estoy, vosotros también estéis.
JUAN 14:1-3

No se turbe vuestro corazón; creéis en Dios, creed también en mí. En la casa de mi Padre muchas moradas hay; si así no fuera, yo os lo hubiera dicho. Voy, pues, a preparar lugar para vosotros. Y si me fuere y os prepararé lugar, vendré otra vez, y os tomaré a mí mismo, para que donde yo estoy, vosotros también estéis.

El YO en el que debes creer es tu conciencia, el YO SOY; es Dios. Es también la casa del Padre que contiene en sí todos los estados de conciencia concebibles. Todo estado de conciencia condicionado se llama mansión.

Esta conversación tiene lugar dentro de ti. Tu YO SOY, la conciencia incondicionada, es Cristo Jesús hablando al yo condicionado o la conciencia de John Smith. "YO SOY John" desde un punto de vista místico son dos seres, a saber, Cristo y Juan. Así que voy a preparar un lugar para ti, moviéndome desde tu estado actual de conciencia hacia ese estado deseado. Es una promesa de tu Cristo o conciencia de ser a tu concepción actual de ti mismo de que dejarás tu conciencia actual y te apropiarás de otra.

El hombre es tan esclavo del tiempo que, si después de haberse apropiado de un estado de conciencia que el mundo no ve ahora, y éste, el estado apropiado, no se materializa inmediatamente, pierde la fe en su afirmación invisible; inmediatamente la abandona y regresa a su anterior estado estático de ser. Debido a esta limitación del hombre, he encontrado muy útil emplear un intervalo de tiempo específico para realizar este viaje hacia una mansión preparada.

"Espera un poquito."

Todos hemos catalogado los diferentes días de la semana, los meses del año y las estaciones. Con esto quiero decir que tú y yo hemos dicho una y otra vez: "Vaya, hoy parece domingo", o "lunes", o "sábado". También hemos dicho en pleno verano: "Vaya, parece que estamos en otoño". Esta es una prueba positiva de que tú y yo tenemos sentimientos definidos asociados con estos diferentes días, meses y estaciones del año. Debido a esta asociación, podemos morar conscientemente en cualquier momento en ese día o estación que hayamos seleccionado. No definas egoístamente este intervalo en días y horas porque estás ansioso por recibirlo, sino simplemente permanece en la convicción de que ya pasó (el tiempo, al ser puramente relativo, debe eliminarse por completo) y tu deseo se cumplirá.

Esta capacidad de permanecer en cualquier punto del tiempo nos permite emplear el tiempo en nuestro viaje hacia la mansión deseada. Ahora yo (la conciencia) voy a un punto del tiempo y allí preparo un lugar. Si voy a tal punto del tiempo y preparo un lugar, regresaré a este punto del tiempo del que me he ido; y os recogeré y os llevaré conmigo a ese lugar que he preparado, para que donde YO ESTOY, vosotros también podáis estar.

Permítanme darles un ejemplo de este viaje. Supongamos que tienen un deseo intenso. Como la mayoría de los hombres que están esclavizados por el tiempo, podrían sentir que no podrían realizar un deseo tan grande en un intervalo limitado. Pero al admitir que todas las cosas son posibles para Dios, al creer que Dios es el YO dentro de ustedes o su conciencia de ser, pueden decir: "Como Juan, no puedo hacer nada; pero como todas las cosas son posibles para Dios y sé que Dios es mi conciencia de ser, puedo realizar mi deseo en poco tiempo. Cómo se realizará mi deseo, no lo sé (como Juan), pero por la ley misma de mi ser sé que así será".

Con esta creencia firmemente establecida, decide cuál sería un intervalo de tiempo relativo y racional en el que tal deseo podría realizarse. Nuevamente, déjame recordarte que no acortes el intervalo de tiempo porque estés ansioso por recibir tu deseo; haz que sea un intervalo natural. Nadie puede darte el intervalo de tiempo. Sólo tú puedes decir cuál sería para ti el intervalo natural. El intervalo de tiempo es relativo, es decir, no hay dos individuos que darían la misma medida de tiempo para la realización de su deseo.

El tiempo está siempre condicionado por la concepción que el hombre tiene de sí mismo. La confianza en uno mismo, determinada por la conciencia condicionada, siempre acorta el intervalo de tiempo. Si estuvieras acostumbrado a los grandes logros, te concederías un intervalo mucho más corto para realizar tu deseo que el hombre educado en la derrota.

Si hoy fuera miércoles y decidieras que es muy posible que tu deseo se materialice en una nueva realización de ti mismo para el domingo, entonces el domingo se convierte en el momento en el que visitarías el lugar. Para hacer esta visita, debes excluir el miércoles y dejar entrar el domingo. Esto se logra simplemente sintiendo que es domingo. Comienza a escuchar las campanas de la iglesia; comienza a sentir la tranquilidad del día y todo lo que el domingo significa para ti; siente realmente que es domingo.

Cuando esto se haya logrado, siente la alegría de haber recibido aquello que el miércoles no era más que un deseo. Siente la emoción total de haberlo recibido y luego regresa al miércoles, el momento en el tiempo que dejaste atrás. Al hacer esto, creaste un vacío en la conciencia al pasar del miércoles al domingo. La naturaleza, que aborrece los vacíos, se apresura a llenarlo, creando así un molde a semejanza de lo que potencialmente creas, es decir, la alegría de haber realizado tu deseo definido.

Al regresar al miércoles, te llenarás de una alegre expectativa porque habrás establecido la conciencia de lo que debe suceder el domingo siguiente. Al caminar por el intervalo de jueves, viernes y sábado, nada te perturbará, independientemente de las condiciones, porque tú predeterminaste lo que serías el día de reposo y eso permanece como una convicción inalterable.

Habiendo ido delante y preparado el lugar, habéis regresado a Juan y ahora lo estáis llevando con vosotros a través del intervalo de tres días al lugar preparado para que él pueda compartir vuestro gozo con vosotros, porque donde YO ESTOY, vosotros también podéis estar.

PREGUNTAS Y RESPUESTAS DE REFLEXIÓN

1. ¿Qué sugiere la frase "no se turbe vuestro corazón" acerca de la naturaleza de la creencia y la conciencia?

- **Respuesta:** Esta frase alienta a las personas a mantener la fe y la calma en su conciencia. Destaca que la creencia en la naturaleza verdadera de uno (YO SOY) puede aliviar la ansiedad y la duda, permitiendo una conexión más profunda con los propios deseos y potencial.

-

2. ¿Cómo interpreta Neville el concepto de "mansiones" en relación con los estados de conciencia?

- **Respuesta:** Neville describe las "mansiones" como diferentes estados condicionados de conciencia que existen dentro de la conciencia incondicionada (YO SOY). Cada mansión representa una experiencia o identidad potencial que uno puede habitar a través de la creencia y la intención.

-

3. ¿Cuál es el significado del tiempo en el proceso de manifestación de los deseos?

- **Respuesta:** El tiempo se presenta como una construcción relativa que se puede trascender. Al elegir conscientemente vivir en un estado futuro, las personas pueden preparar un espacio para que sus deseos se manifiesten. Esta perspectiva permite navegar el tiempo de manera creativa en lugar de sentirse esclavizadas por él.

-

4. ¿Por qué Neville enfatiza la importancia de no acortar el intervalo de tiempo al manifestar deseos?

- **Respuesta:** Sugiere que crear un intervalo natural y racional permite un proceso de manifestación más auténtico. Un deseo excesivamente ansioso de obtener resultados puede llevar a la decepción o la duda, mientras que un plazo razonable fomenta la confianza y la expectativa.

-

5. ¿Cómo se puede "viajar" eficazmente en el tiempo para prepararse para el estado deseado?

- **Respuesta:** Se puede "viajar" en el tiempo imaginando y sintiendo conscientemente la experiencia del estado deseado como si ya se hubiera alcanzado. Esto implica sumergirse en las emociones y sensaciones asociadas a ese estado futuro , creando así un vacío en la conciencia que acerca la experiencia deseada.

-

6. ¿Qué papel juega la imaginación en el proceso descrito por Neville?

- **Respuesta:** La imaginación es fundamental para visualizar y sentir el estado de ser deseado. Permite a las personas trascender su realidad actual y encarnar la esencia de sus deseos, facilitando así el proceso de manifestación.

-

7. ¿Cómo se crea un "vacío de conciencia" y por qué es esto importante?

- **Respuesta:** Se crea un "vacío en la conciencia" al abandonar mentalmente el estado actual (por ejemplo, miércoles) y abrazar por completo el estado deseado (por ejemplo, domingo). Este vacío es significativo porque la naturaleza tiende a llenar los vacíos, lo que provoca la manifestación de la realidad deseada para llenar el espacio creado.

-

8. ¿Qué quiere decir Neville cuando afirma: "Como Juan, nada puedo hacer; pero como todas las cosas son posibles para Dios"?

- **Respuesta:** Esta afirmación refleja la idea de que el yo personal (Juan) es limitado, pero la conciencia divina (Dios/YO SOY) es ilimitada. Al alinearse con esta conciencia superior, las personas pueden hacer realidad sus deseos más allá de las limitaciones del yo personal.

-

9. ¿Cómo puede la confianza de un individuo en sí mismo influir en el intervalo de tiempo para la realización de sus deseos?

- **Respuesta:** La confianza en sí misma de una persona, moldeada por sus experiencias y creencias, afecta directamente la forma en que percibe el tiempo necesario para lograr sus deseos. Aquellos acostumbrados al éxito pueden establecer plazos más cortos, mientras que aquellos con un historial de fracasos pueden ver el logro de sus deseos como algo más desafiante y prolongado .

-

10. ¿Cómo se pueden aplicar prácticamente en la vida cotidiana las enseñanzas de este capítulo?

- Respuesta: Los lectores pueden aplicar estas enseñanzas practicando técnicas de visualización, estableciendo intervalos de tiempo naturales para sus objetivos y cultivando un estado de alegre expectativa. Este proceso puede ayudarlos a alinear su conciencia con sus deseos y manifestarlos de manera más efectiva.

CAPÍTULO DIECISÉIS

EL DIOS TRIUNO

**Y dijo Dios: Hagamos al hombre a nuestra imagen,
conforme a nuestra semejanza.
Génesis 1:26**

Habiendo descubierto que Dios es nuestra conciencia de ser
y que esta realidad inmutable e incondicionada (el YO SOY)
es el único creador, veamos por qué la Biblia registra una
trinidad como creadora del mundo. En el versículo 26 del
primer capítulo del Génesis se afirma: "Y dijo Dios: Hagamos
al hombre a nuestra imagen". Las iglesias se refieren a esta
pluralidad de dioses como Dios Padre, Dios Hijo y Dios
Espíritu Santo. Nunca han intentado explicar qué significa
"Dios Padre, Dios Hijo y Dios Espíritu Santo", porque están
en la oscuridad con respecto a este misterio.

El Padre, el Hijo y el Espíritu Santo son tres aspectos o
condiciones de la conciencia incondicionada de ser llamado
Dios. La conciencia de ser precede a la conciencia de ser
algo. Esa conciencia incondicionada que precedió a todos los
estados de conciencia es Dios: YO SOY. Los tres aspectos o
divisiones condicionadas de sí mismo pueden describirse
mejor de esta manera:

La actitud receptiva de la mente es el aspecto que recibe las
impresiones y, por lo tanto, puede compararse con un útero
o una Madre.

Lo que produce la impresión es el aspecto masculino o
opresor y por eso se le conoce como Padre.

La impresión se convierte con el tiempo en expresión, que es siempre semejanza e imagen de la impresión; por eso se dice que este aspecto objetivado es el Hijo que da testimonio de su Padre-Madre. La comprensión de este misterio de la Trinidad permite a quien lo comprende transformar completamente su mundo y moldearlo a su gusto.

He aquí una aplicación práctica de este misterio. Siéntate tranquilamente y decide qué es lo que más te gustaría expresar o poseer. Después de haberlo decidido, cierra los ojos y aparta tu atención por completo de todo lo que pueda impedir la realización de lo deseado; luego asume una actitud mental receptiva y juega al juego de suponer imaginando cómo te sentirías si ahora hicieras realidad tu deseo. Comienza a escuchar como si el espacio te estuviera hablando y diciéndote que ahora eres aquello que deseas ser.

Esta actitud receptiva es el estado de conciencia que debes asumir antes de que se pueda producir una impresión. Cuando logres este estado mental flexible e impresionante, comienza a imprimir en ti mismo el hecho de que eres lo que deseabas ser, afirmando y sintiendo que ahora estás expresando y poseyendo lo que habías decidido ser y tener. Continúa en esta actitud hasta que se produzca la impresión.

Mientras contemplas el ser y poseer aquello que has decidido ser y tener, notarás que con cada inhalación un estremecimiento gozoso recorre todo tu ser. Este estremecimiento aumenta en intensidad a medida que sientes cada vez más la alegría de ser aquello que afirmas ser. Luego, en una última inhalación profunda, todo tu ser estallará con la alegría del logro y sabrás por tu sensación que estás impregnado por Dios, el Padre. Tan pronto como se produzca la impresión, abre los ojos y regresa al mundo que apenas unos momentos antes habías excluido.

En esta actitud receptiva tuya, mientras contemplabas ser aquello que deseabas ser, en realidad estabas realizando el acto espiritual de generación; así que ahora, a tu regreso de esta meditación silenciosa, eres un ser embarazado que lleva un hijo o impresión, hijo que fue concebido inmaculadamente sin la ayuda del hombre.

La duda es la única fuerza capaz de perturbar la semilla o impresión; para evitar el aborto de un niño tan maravilloso, camina en secreto durante el intervalo de tiempo necesario que tomará la impresión para convertirse en expresión. No le cuentes a nadie acerca de tu romance espiritual. Encierra tu secreto dentro de ti con alegría, confiada y feliz de que algún día darás a luz al hijo de tu amado expresando y poseyendo la naturaleza de tu impresión. Entonces conocerás el misterio de "Dios dijo: Hagamos al hombre a nuestra imagen".

Sabréis que la pluralidad de Dioses a la que se refiere son los tres aspectos de vuestra propia conciencia y que vosotros sois la trinidad, reunidos en un cónclave espiritual para crear un mundo a imagen y semejanza de aquello que sois conscientes de ser.

PREGUNTAS Y RESPUESTAS DE REFLEXIÓN

1. ¿Cómo define Neville el concepto de Dios en este capítulo?

- **Respuesta:** Neville define a Dios como nuestra conciencia de ser, enfatizando que esta realidad incondicionada e inmutable (YO SOY) es el único creador verdadero. Presenta la idea de que Dios abarca tres aspectos: el Padre, el Hijo y el Espíritu Santo, que representan diferentes funciones de la conciencia.

-

2. ¿Cuál es el significado de la trinidad (Padre, Hijo, Espíritu Santo) en el contexto de la transformación personal?

- **Respuesta:** La trinidad simboliza los diversos aspectos de nuestra propia conciencia. Comprender estos aspectos permite a las personas aprovechar su conciencia de manera eficaz, lo que les permite transformar sus vidas y crear las realidades deseadas a través de la intención consciente.

-

3. ¿Qué quiere decir Neville cuando afirma que "la conciencia de ser precede a la conciencia de ser algo"?

- **Respuesta:** Esta afirmación pone de relieve que antes de identificarse con atributos o roles específicos (ser algo), uno debe reconocer primero la conciencia fundamental de simplemente ser (YO SOY). Este estado fundamental es esencial para manifestar cualquier realidad específica.

-

4. ¿Cómo se puede aplicar el concepto de trinidad en ejercicios prácticos de visualización?

- **Respuesta:** Al encarnar los tres aspectos de la trinidad durante la visualización (ser receptivo (Espíritu Santo), hacer impresiones (Padre) y expresar esas impresiones (Hijo)), las personas pueden alinear su conciencia para manifestar eficazmente sus deseos.

-

5. ¿Cuál es el proceso que describe Neville para impresionarse a uno mismo con un estado deseado?

- **Respuesta:** El proceso implica sentarse tranquilamente, adoptar una mentalidad receptiva, visualizar y sentir el estado deseado como si ya se hubiera logrado, y reforzar continuamente esa sensación hasta que la impresión se realice por completo.

-

6. ¿Por qué Neville enfatiza la importancia de mantener el secreto respecto a los propios deseos?

- **Respuesta:** Sugiere que la duda es una fuerza poderosa que puede perturbar el proceso de manifestación. Mantener los deseos en secreto ayuda a proteger la impresión y le permite crecer sin perturbaciones hasta que esté lista para expresarse en la realidad.

-

7. ¿Cómo se relaciona el acto de "impregnarse" de un deseo con el acto espiritual de la generación?

- **Respuesta:** Neville describe el proceso de sentir profundamente y encarnar un estado deseado como una forma de generación espiritual, donde uno queda "embarazado" con la impresión de ese deseo, listo para darlo a luz como una expresión en el mundo físico.

-

8. ¿Qué papel juega la duda en el proceso de manifestación según Neville?

- **Respuesta:** La duda es vista como una fuerza disruptiva que puede poner en peligro la manifestación exitosa de los deseos. Puede llevar a un error en la impresión, por lo que mantener la confianza y el secreto es crucial durante el proceso de manifestación.

-

9. ¿De qué manera la comprensión de uno mismo como trinidad puede potenciar el desarrollo personal?

- **Respuesta:** Reconocerse a uno mismo como la trinidad permite a las personas aprovechar todo su potencial como creadores. Al comprender los roles de la receptividad, la creación de impresiones y la expresión, pueden dirigir conscientemente su conciencia hacia la creación de la vida que desean.

-

10. ¿Cómo se puede profundizar la comprensión de la referencia bíblica "Hagamos al hombre a nuestra imagen"?

- Respuesta: Esta referencia bíblica puede verse como una afirmación de la interconexión de nuestra conciencia con lo divino. Anima a las personas a reconocer su poder creativo inherente y la responsabilidad de moldear sus vidas en consonancia con su verdadera naturaleza (YO SOY).

CAPÍTULO DIECISIETE

ORACIÓN

Cuando ores, entra en tu aposento, y cerrada la puerta, ora a tu Padre que está en secreto; y tu Padre que ve en lo secreto te recompensará en público.
Mateo 6:6

Todo lo que pidiereis orando, creed que lo recibiréis, y os vendrá.
Marcos 11:24

La oración es la experiencia más maravillosa que el hombre puede tener. A diferencia de los murmullos diarios de la gran mayoría de la humanidad en todos los países, que con sus vanas repeticiones esperan ganarse el oído de Dios, la oración es el éxtasis de una boda espiritual que tiene lugar en la profunda y silenciosa quietud de la conciencia. En su verdadero sentido, la oración es la ceremonia nupcial de Dios. Así como una doncella en el día de su boda renuncia al nombre de su familia para asumir el nombre de su esposo, de la misma manera, quien ora debe renunciar a su nombre o naturaleza actual y asumir la naturaleza de aquello por lo que ora.

Los evangelios han instruido claramente al hombre en cuanto a la realización de esta ceremonia de la siguiente manera: "Cuando oréis, entrad en secreto y cerrad la puerta; y vuestro Padre que ve en lo secreto os recompensará en público". El entrar en el interior es entrar en la cámara nupcial. Así como a nadie más que a la novia y al novio se les permite entrar en una habitación tan sagrada como la suite nupcial en la noche de la ceremonia nupcial, de la misma manera a nadie más que a quien ora y a aquello por lo que ora se le permite entrar en la hora santa de la oración. Así como la novia y el novio al entrar en la suite nupcial cierran con seguridad la puerta al mundo exterior, así también el que entra en la hora santa de la oración debe cerrar la puerta de los sentidos y excluir por completo el mundo que lo rodea. Esto se logra quitando la atención por completo de todas las cosas que no sean aquello de lo que ahora estás enamorado (lo deseado).

La segunda fase de esta ceremonia espiritual se define con estas palabras: "Cuando oráis, creed que recibiréis, y recibiréis". Al contemplar gozosamente el ser y poseer aquello que deseáis ser y tener, habéis dado este segundo paso y, por lo tanto, estáis realizando espiritualmente los actos del matrimonio y la generación.

La actitud receptiva de tu mente mientras rezas o contemplas puede compararse con la de una novia o un útero, pues es ese aspecto de la mente el que recibe las impresiones. Aquello que contemplas ser es el novio, pues es el nombre o la naturaleza que asumes y, por lo tanto, es lo que deja su fecundación; así, uno muere a la virginidad o naturaleza presente cuando asume el nombre y la naturaleza de la fecundación.

Perdido en la contemplación y habiendo asumido el nombre y la naturaleza de la cosa contemplada, todo tu ser se estremece con la alegría de ser eso. Esta emoción que recorre todo tu ser mientras te apropias de la conciencia de tu deseo es la prueba de que estás casado y preñado. Al regresar de esta meditación silenciosa, la puerta se abre una vez más al mundo que habías dejado atrás. Pero esta vez regresas como una novia embarazada. Entras en el mundo como un ser cambiado y, aunque nadie más que tú sabe de este maravilloso romance, el mundo verá en muy poco tiempo los signos de tu embarazo, porque comenzarás a expresar lo que en tu hora de silencio sentiste que eras.

La madre del mundo o la novia del Señor se llama a propósito María, o agua, porque el agua pierde su identidad al asumir la naturaleza de aquello con lo que se mezcla; de la misma manera, María, la actitud receptiva de la mente, debe perder su identidad al asumir la naturaleza de la cosa deseada. Sólo cuando uno está dispuesto a renunciar a sus limitaciones e identidad actuales puede convertirse en lo que desea ser. La oración es la fórmula por la cual se logran tales divorcios y matrimonios.

"Dos se pondrán de acuerdo en cualquier cosa y será establecida en la tierra". Los dos que se ponen de acuerdo son tú, la novia, y lo deseado, el novio. Cuando se cumpla este acuerdo, nacerá un hijo que dará testimonio de esta unión. Comenzarás a expresar y poseer aquello que eres consciente de ser. Orar, entonces, es reconocerte a ti mismo como aquello que deseas ser en lugar de rogarle a Dios por aquello que deseas.

Millones de oraciones quedan sin respuesta todos los días porque el hombre reza a un Dios que no existe. Como la conciencia es Dios, uno debe buscar en la conciencia lo deseado asumiendo la conciencia de la cualidad deseada. Sólo cuando uno hace esto, sus oraciones serán respondidas. Ser consciente de ser pobre mientras se reza por riquezas es ser recompensado con aquello de lo que uno es consciente de ser, es decir, pobreza. Para que las oraciones tengan éxito, hay que reclamarlas y apropiarse de ellas. Asuma la conciencia positiva de lo deseado.

Una vez definido tu deseo, entra tranquilamente en tu interior y cierra la puerta detrás de ti. Piérdete en tu deseo; siéntete uno con él; permanece en esta fijación hasta que hayas absorbido la vida y el nombre, afirmando y sintiendo que eres y tienes aquello que deseabas. Cuando salgas de la hora de oración, debes hacerlo consciente de ser y poseer aquello que hasta ese momento deseabas.

PREGUNTAS Y RESPUESTAS DE REFLEXIÓN

1. ¿Cómo define Neville Goddard la oración en este capítulo?

- **Respuesta:** Neville define la oración como una experiencia espiritual profunda similar a una ceremonia de matrimonio. Implica renunciar a la identidad actual y aceptar la naturaleza del resultado deseado, destacando la naturaleza íntima y transformadora de la verdadera oración.

-

2. ¿Qué significado tiene entrar en el propio "armario" cuando se ora?

- **Respuesta:** Entrar al "armario" simboliza entrar en uno mismo para crear un espacio privado de contemplación genuina y conexión con los propios deseos. Representa dejar de lado las distracciones externas y centrarse únicamente en el estado de ser deseado.

-

3. ¿Qué quiere decir Neville con la frase "creed que recibiréis"?

- **Respuesta:** Esta frase enfatiza la importancia de adoptar una mentalidad de poseer ya lo que se desea. Al creer y sentir que el deseo ya está cumplido, los individuos alinean su conciencia con ese estado, lo cual es esencial para la manifestación.

4. ¿Cómo se relaciona la analogía de una novia y un novio con el proceso de oración?

- **Respuesta:** La novia representa el aspecto receptivo de la mente que recibe las impresiones, mientras que el novio simboliza el resultado o estado de ser deseado. Así como la novia y el novio se unen, la oración implica una fusión de la conciencia con el estado deseado.

5. ¿Por qué Neville describe el acto de la oración como un "matrimonio espiritual"?

- **Respuesta:** La oración se asemeja a un matrimonio espiritual porque implica un profundo compromiso de abrazar y encarnar una nueva identidad o estado de ser, similar a cómo una novia asume la identidad de su esposo. Esta transformación es fundamental para manifestar los deseos.

6. ¿Qué papel juega el sentimiento de alegría en el proceso de oración según Neville?

- **Respuesta:** El sentimiento de alegría significa la asunción exitosa del estado deseado. Esta emoción o alegría indica que el individuo ha internalizado efectivamente su deseo y ahora está alineado con esa nueva identidad, listo para que se manifieste en la realidad.

-

7. ¿Cómo evitar las dudas al orar, según Neville?

- **Respuesta:** Para evitar dudas, el individuo debe concentrarse completamente en su deseo durante la oración, sumergiéndose en el sentimiento de poseerlo ya. Esto requiere una fuerte convicción y confianza en el proceso, evitando así que cualquier pensamiento negativo interfiera.

-

8. ¿Qué quiere decir Neville cuando afirma que muchas oraciones quedan sin respuesta?

- **Respuesta:** Neville afirma que muchas oraciones quedan sin respuesta porque la gente suele rezar a un Dios externo a sí misma en lugar de reconocer su propia conciencia como Dios. La oración eficaz requiere asumir la conciencia del estado deseado en lugar de simplemente pedirlo.

-

9. ¿Cómo se puede encarnar el estado deseado del ser mientras se ora?

- **Respuesta:** Se puede encarnar el estado deseado imaginando y sintiendo vívidamente la experiencia de ver cumplido ese deseo. Esto incluye visualizar las circunstancias deseadas y comprometerse plenamente con las emociones asociadas con ese estado durante el proceso de oración.

-

10. ¿De qué manera sugiere Neville que la oración es un proceso activo y creativo?

- Respuesta: Neville sugiere que la oración es un proceso activo de reivindicación y apropiación de los propios deseos en lugar de mendigar pasivamente por ellos. Implica un cambio consciente de identidad y conciencia, en el que uno se involucra activamente en sentir y encarnar el resultado deseado.

CAPÍTULO DIECIOCHO

LOS DOCE DISCÍPULOS

**Y llamando a sus doce discípulos, les dio autoridad sobre los espíritus inmundos, para que los echasen fuera, y para sanar toda enfermedad y toda dolencia.
Mateo 10:1**

Los doce discípulos representan las doce cualidades de la mente que el hombre puede controlar y disciplinar. Si se les disciplina, obedecerán en todo momento las órdenes de quien los ha disciplinado.

Estas doce cualidades del hombre son potenciales de cada mente. Si no se disciplinan, sus acciones se parecen más a las de una turba que a las de un ejército entrenado y disciplinado. Todas las tormentas y confusiones que envuelven al hombre pueden atribuirse directamente a estas doce características mal relacionadas de la mente humana en su actual estado de letargo. Hasta que no se despierten y se disciplinen, permitirán que los muevan todos los rumores y emociones sensuales.

Cuando estos doce sean disciplinados y puestos bajo control, aquel que logre este control les dirá: "De aquí en adelante no os llamaré esclavos sino amigos". Él sabe que desde ese momento en adelante cada atributo de la mente disciplinado adquirido le será amigo y le protegerá.

Los nombres de las doce cualidades revelan sus naturalezas. Estos nombres no se les dan hasta que son llamados al discipulado. Son: Simón, que más tarde fue apodado Pedro,

Andrés, Santiago, Juan, Felipe, Bartolomé, Tomás, Mateo, Santiago el hijo de Alfeo, Tadeo, Simón el cananeo y Judas.

La primera cualidad que debe ser llamada y disciplinada es Simón o el atributo del oído. Esta facultad, cuando se eleva al nivel de un discípulo, sólo permite que lleguen a la conciencia las impresiones que su oído le ha ordenado dejar entrar. No importa lo que la sabiduría del hombre pueda sugerir o la evidencia de sus sentidos le transmita, si tales sugerencias e ideas no están de acuerdo con lo que oye, permanece impasible. Este individuo ha sido instruido por su Señor y se le ha hecho comprender que toda sugerencia que permita pasar por su puerta, al llegar a su Señor y Maestro (su conciencia), dejará allí su impresión, impresión que con el tiempo se convertirá en expresión.

La instrucción a Simón es que sólo permita que los visitantes o impresiones dignas y honorables entren en la casa (conciencia) de su Señor. Ningún error puede ser encubierto u ocultado a su Maestro, pues cada expresión de vida le dice a su Señor a quién ha hospedado consciente o inconscientemente.

Cuando Simón demuestra con sus obras que es un discípulo verdadero y fiel, recibe el sobrenombre de Pedro o la roca, el discípulo inconmovible, aquel que no se deja sobornar ni coaccionar por ningún visitante. Su Señor lo llama Simón Pedro, aquel que escucha fielmente los mandatos de su Señor y otros mandatos que no escucha.

Es este Simón Pedro quien descubre que el YO SOY es Cristo, y por su descubrimiento recibe las llaves del cielo y se convierte en la piedra fundamental sobre la que se asienta el Templo de Dios. Los edificios deben tener cimientos firmes y sólo el oído disciplinado puede, al aprender que el YO SOY es Cristo, permanecer firme e inconmovible en el conocimiento de que YO SOY Cristo y fuera de MÍ no hay salvador.

La segunda cualidad que se requiere para ser discípulo es Andrés o coraje. A medida que se desarrolla la primera cualidad, la fe en uno mismo, automáticamente se da origen a su hermana, el coraje. La fe en uno mismo, que no pide ayuda a nadie, sino que silenciosamente y solo se apropia de la conciencia de la cualidad deseada y, a pesar de la razón o de la evidencia de sus sentidos de lo contrario, continúa fiel, esperando pacientemente con el conocimiento de que su reclamo invisible, si se mantiene, se realizará, esa fe desarrolla un coraje y una fortaleza de carácter que están más allá de los sueños más descabellados del hombre indisciplinado cuya fe está en las cosas visibles.

La fe del hombre indisciplinado no puede llamarse realmente fe, pues si se le quitan los ejércitos, las medicinas o la sabiduría en la que ha depositado su fe, su fe y su valor se van con ellos. Pero al hombre disciplinado se le puede quitar el mundo entero y, sin embargo, permanecerá fiel en el conocimiento de que el estado de conciencia en el que se encuentra debe encarnarse a su debido tiempo. Este valor es el hermano de Pedro, Andrés, el discípulo que sabe lo que es atreverse, hacer y callar.

Los dos siguientes que son llamados también están emparentados. Éstos son los hermanos, Santiago y Juan, Santiago el justo, el juez recto, y su hermano Juan, el amado. La justicia para ser sabia debe administrarse con amor, poniendo siempre la otra mejilla y en todo momento devolviendo bien por mal, amor por odio, no violencia por violencia.

El discípulo Santiago, símbolo de un juicio disciplinado, cuando es elevado al alto cargo de juez supremo, debe tener los ojos vendados para no dejarse influir por la carne ni juzgar según las apariencias del ser. El juicio disciplinado lo administra alguien que no se deja influir por las apariencias. El que ha llamado a estos hermanos al discipulado sigue fiel a su mandato de escuchar sólo lo que se le ha ordenado oír, es decir, el Bien. El hombre que tiene disciplinada esta cualidad de su mente es incapaz de escuchar y aceptar como verdadero nada, ya sea de sí mismo o de otro, que al oírlo no llene su corazón de amor.

Estos dos discípulos o aspectos de la mente son uno e inseparables cuando están despiertos. Un discípulo así perdona a todos los hombres por ser lo que son. Sabe, como juez sabio, que cada hombre expresa perfectamente aquello que es, como hombre, consciente de ser. Sabe que toda manifestación reposa sobre el fundamento inmutable de la conciencia, que los cambios de expresión sólo pueden producirse mediante cambios de conciencia.

Sin condenar ni criticar, estas disciplinadas cualidades de la mente permiten que cada uno sea lo que es. Sin embargo, aunque permiten a todos esta perfecta libertad de elección, están siempre atentos a ver que ellos mismos profetizan y hacen, tanto para los demás como para sí mismos, sólo cosas que, cuando se expresan, glorifican, dignifican y dan alegría a quien las expresa.

La quinta cualidad llamada al discipulado es Felipe. Éste pidió que se le mostrara al Padre. El hombre despierto sabe que el Padre es el estado de conciencia en el que el hombre mora, y que este estado o Padre puede verse sólo tal como se expresa. Sabe que es la semejanza o imagen perfecta de esa conciencia con la que se identifica. Por eso declara: "Ningún hombre ha visto jamás a mi Padre, sino que yo, el Hijo, que mora en su seno, lo he revelado; por tanto, cuando me veis a mí, el Hijo, veis a mi Padre, porque yo vengo a dar testimonio de mi Padre". Yo y mi Padre, la conciencia y su expresión, Dios y el hombre, somos uno.

Este aspecto de la mente, cuando se lo disciplina, persiste hasta que las ideas, las ambiciones y los deseos se convierten en realidades encarnadas. Esta es la cualidad que afirma: "Aún en mi carne veré a Dios". Sabe cómo hacer carne la palabra, cómo dar forma a lo informe.

El sexto discípulo se llama Bartolomé. Esta cualidad es la facultad imaginativa, cualidad de la mente, una vez despierta, que distingue a uno de las masas. Una imaginación despierta coloca al que así ha despertado por encima del hombre medio, dándole la apariencia de un faro en un mundo de oscuridad. Ninguna cualidad separa tanto a los hombres como la imaginación disciplinada. Esta es la separación del trigo de la paja. Aquellos que más han dado a la sociedad son nuestros artistas, científicos, inventores y otros con imaginaciones vívidas.

Si se hiciera una encuesta para determinar la razón por la que tantos hombres y mujeres aparentemente educados fracasan en sus años posteriores a la universidad o para determinar la razón de las diferentes capacidades de ingresos de las masas, no habría duda de que la imaginación jugó un papel importante. Una encuesta de ese tipo mostraría que es la imaginación la que hace a uno un líder, mientras que la falta de ella lo convierte en un seguidor.

En lugar de desarrollar la imaginación del hombre, nuestro sistema educativo a menudo la sofoca al intentar introducir en la mente del hombre la sabiduría que busca. Le obliga a memorizar una serie de libros de texto que, demasiado pronto, son refutados por libros de texto posteriores. La educación no se logra introduciendo algo en el hombre; su propósito es extraer del hombre la sabiduría que está latente en él. Que el lector llame a Bartolomé al discipulado, porque sólo cuando esta cualidad se eleve al discipulado tendrás la capacidad de concebir ideas que te elevarán más allá de las limitaciones del hombre.

El séptimo se llama Tomás. Esta cualidad disciplinada duda o niega todo rumor y sugerencia que no esté en armonía con lo que se le ha ordenado a Simón Pedro que deje entrar. El hombre que es consciente de estar sano (no por salud heredada, dietas o clima, sino porque está despierto y conoce el estado de conciencia en el que vive) seguirá manifestando salud a pesar de las condiciones del mundo. Podría oír a través de la prensa, la radio y los sabios del mundo que una plaga estaba arrasando la tierra y, sin embargo, permanecería impasible e impasible. Tomás, el escéptico, cuando se lo disciplinaba, negaba que la enfermedad o cualquier otra cosa que no estuviera en sintonía con la conciencia a la que pertenecía tuviera algún poder para afectarlo.

Esta cualidad de negación, cuando se disciplina, protege al hombre de recibir impresiones que no están en armonía con su naturaleza. Adopta una actitud de total indiferencia ante todas las sugestiones que sean ajenas a lo que desea expresar. La negación disciplinada no es una lucha, sino una indiferencia total.

Mateo, el octavo, es el don de Dios. Esta cualidad de la mente revela los deseos del hombre como dones de Dios. El hombre que ha llamado a este discípulo a la existencia sabe que cada deseo de su corazón es un don del cielo y que contiene tanto el poder como el plan de su autoexpresión. Un hombre así nunca cuestiona la manera de su expresión. Sabe que el plan de expresión nunca se revela al hombre porque los caminos de Dios son inescrutables. Acepta plenamente sus deseos como dones ya recibidos y sigue su camino en paz, confiado en que aparecerán.

El noveno discípulo se llama Santiago, hijo de Alfeo. Ésta es la cualidad del discernimiento. Una mente clara y ordenada es la voz que llama a este discípulo a la existencia. Esta facultad percibe aquello que no se revela a los ojos del hombre. Este discípulo no juzga por las apariencias, pues tiene la capacidad de funcionar en el reino de las causas y, por lo tanto, nunca se deja engañar por las apariencias.

La clarividencia es la facultad que se despierta cuando se desarrolla y disciplina esta cualidad, no la clarividencia de las sesiones espiritistas mediúmnicas, sino la verdadera clarividencia o visión clara del místico. Es decir, este aspecto de la mente tiene la capacidad de interpretar lo que se ve. El discernimiento o capacidad de diagnóstico es la cualidad de Santiago, hijo de Alfeo.

Tadeo, el décimo, es el discípulo de la alabanza, una cualidad de la que el hombre indisciplinado carece lamentablemente. Cuando esta cualidad de alabanza y agradecimiento está despierta en el hombre, camina con las palabras: "Gracias, Padre", siempre en sus labios. Sabe que su agradecimiento por las cosas que no se ven abre las ventanas del cielo y permite que se derramen sobre él dones que están más allá de su capacidad de recibir.

El hombre que no agradece las cosas que recibe no es probable que reciba muchos regalos de la misma fuente. Hasta que esta cualidad de la mente no sea disciplinada, el hombre no verá el desierto florecer como la rosa. La alabanza y la acción de gracias son a los dones invisibles de Dios (nuestros deseos) lo que la lluvia y el sol son a las semillas invisibles en el seno de la tierra.

La undécima cualidad que se llama es Simón de Canaán. Una buena frase clave para este discípulo es "escuchar buenas noticias". Simón de Canaán, o Simón de la tierra de la leche y la miel, cuando es llamado al discipulado, es prueba de que quien invoca esta facultad se ha vuelto consciente de la vida abundante. Puede decir con el salmista David: "Aderezas mesa delante de mí en presencia de mis angustiadores; unges mi cabeza con aceite; mi copa está rebosando". Este aspecto disciplinado de la mente es incapaz de escuchar nada que no sean buenas noticias y, por lo tanto, está bien calificado para predicar el Evangelio o el Buen Hechizo.

La duodécima y última de las cualidades disciplinadas de la mente se llama Judas. Cuando esta cualidad está despierta, el hombre sabe que debe morir a lo que es antes de poder convertirse en lo que desea ser. Por eso se dice de este discípulo que se suicidó, que es la manera que tiene el místico de decirle al iniciado que Judas es el aspecto disciplinado del desapego. Éste sabe que su YO SOY o conciencia es su salvador, por lo que deja ir a todos los demás salvadores. Esta cualidad, cuando está disciplinada, le da a uno la fuerza para dejar ir.

El hombre que ha llamado a Judas a la existencia ha aprendido a apartar su atención de los problemas o limitaciones y a centrarla en aquello que es la solución o el salvador. "Si no nacéis de nuevo, de ninguna manera podéis entrar en el Reino de los Cielos". "No hay amor más grande que el del hombre que dar su vida por un amigo". Cuando el hombre se da cuenta de que la cualidad deseada, si se realiza, lo salvará y lo hará amigo, entrega voluntariamente su vida (la concepción actual de sí mismo) por su amigo, desprendiendo su conciencia de aquello que es consciente de ser y asumiendo la conciencia de aquello que desea ser.

Judas, aquel a quien el mundo en su ignorancia ha ennegrecido, cuando el hombre despierte de su estado indisciplinado, será colocado en lo alto, pues Dios es amor y ningún amor más grande tiene el hombre que éste: dar su vida por un amigo. Hasta que el hombre no deje ir aquello que ahora es consciente de ser, no se convertirá en aquello que desea ser, y Judas es el que logra esto a través del suicidio o el desapego.

Éstas son las doce cualidades que le fueron dadas al hombre en la fundación del mundo. El deber del hombre es elevarlas al nivel del discipulado. Cuando esto se logre, el hombre dirá: "He terminado la obra que me diste para que hiciera. Te he glorificado en la tierra y ahora, Padre, glorifícame tú al lado tuyo con la gloria que tuve contigo antes que el mundo fuese".

PREGUNTAS Y RESPUESTAS DE REFLEXIÓN

1. ¿Qué representan los doce discípulos según Neville Goddard?

- **Respuesta:** Los doce discípulos simbolizan las doce cualidades de la mente que pueden ser controladas y disciplinadas por un individuo. Cada discípulo representa un atributo mental específico que, cuando se despierta y se disciplina, puede mejorar la capacidad de una persona para manifestar deseos y lograr el crecimiento personal.

-

2. ¿Cómo diferencia Goddard entre cualidades mentales disciplinadas y no disciplinadas?

- **Respuesta:** Las cualidades indisciplinadas se comportan de manera caótica y pueden verse influenciadas por factores externos, asemejándose a una turba. En cambio, las cualidades disciplinadas actúan en armonía y en obediencia a las intenciones conscientes del individuo, funcionando como un ejército entrenado que apoya al individuo en la consecución de sus objetivos.

-

3. ¿Qué nos enseña el personaje de Simón (Pedro) sobre la audición y la percepción?

- **Respuesta:** Simón o Pedro representa la cualidad de la audición, enfatizando la importancia de discernir qué impresiones y sugerencias se deben permitir que entren en la conciencia. Una audición disciplinada asegura que sólo entren ideas positivas y dignas, permitiendo que el individuo se mantenga firme en sus creencias y acciones.

-

4. ¿Cómo se manifiesta la relación entre la fe y el coraje en el carácter de Andrés?

- **Respuesta:** Andrew encarna el coraje que surge de una fuerte fe en uno mismo. Este coraje permite a la persona permanecer firme y paciente en la búsqueda de sus deseos, incluso frente a dudas o desafíos externos, lo que refuerza la idea de que la fe y el coraje están estrechamente entrelazados.

-

5. ¿Qué significa el dúo de Santiago y Juan en términos de juicio y amor?

- **Respuesta:** Santiago representa el juicio disciplinado, mientras que Juan simboliza el amor. Juntos, ilustran la necesidad de combinar la sabiduría con la compasión. Un juicio sabio, libre de prejuicios, reconoce que cada uno expresa su propia conciencia, mientras que el amor fomenta el perdón y la comprensión.

-

6. ¿Cómo se relaciona la pregunta de Felipe acerca de ver al Padre con la autoconciencia?

- **Respuesta:** El deseo de Felipe de ver al Padre simboliza la búsqueda de la autoconciencia. La comprensión de que la propia conciencia (el Padre) y las expresiones de esa conciencia (el yo) son una misma cosa enfatiza la importancia de comprender el propio estado interior para manifestar verdaderamente los resultados deseados.

-

7. ¿Por qué se asocia a Bartolomé con la imaginación y cómo diferencia a los individuos?

- **Respuesta:** Bartolomé representa la facultad imaginativa, que, cuando se despierta, eleva al individuo por encima de las masas. Una imaginación disciplinada fomenta la creatividad y la innovación, lo que permite concebir ideas que trascienden las limitaciones ordinarias y, por lo tanto, distingue a los líderes de los seguidores.

-

8. ¿Qué papel juega la duda en el carácter de Tomás y cómo puede ser beneficiosa?

- **Respuesta:** Thomas representa la duda disciplinada, que sirve como mecanismo de protección contra las sugestiones negativas o contrarias. Al cuestionar y negar las impresiones que entran en conflicto con el estado deseado, Thomas ayuda a mantener una mentalidad centrada y positiva que favorece la manifestación.

-

9. ¿Cómo ilustra el papel de Mateo la relación entre los deseos y los dones divinos?

- **Respuesta:** Mateo simboliza el reconocimiento de que los deseos son dones divinos, cada uno de los cuales contiene el potencial de la autoexpresión. Reconocer los deseos como dones de Dios fomenta un sentimiento de paz y confianza en su manifestación final, fomentando una actitud confiada y abierta hacia la vida.

-

10. ¿Cuál es el significado de Judas en el contexto de la transformación y el desprendimiento?

- **Respuesta:** Judas representa la cualidad del desapego necesaria para la transformación. Al dejar atrás identidades pasadas y creencias limitantes, un individuo puede encarnar nuevos estados de conciencia. El papel de Judas enfatiza que el verdadero crecimiento a menudo requiere renunciar al yo antiguo para abrazar una identidad más auténtica.

-

11. ¿Cómo sugiere Goddard que uno puede terminar el trabajo asignado por el Padre?

- **Respuesta:** Goddard sugiere que al disciplinar y despertar las doce cualidades de la mente, uno puede cumplir su propósito y glorificar su yo superior. Este proceso implica involucrarse activamente con estas cualidades y encarnarlas, lo que conduce a una existencia armoniosa y plena.

CAPÍTULO DIECINUEVE
LUZ LÍQUIDA

**En él vivimos, nos movemos y existimos.
Hechos 17:28**

Psíquicamente, este mundo aparece como un océano de luz que contiene en su interior todas las cosas, incluido el hombre, como cuerpos pulsantes envueltos en luz líquida. La historia bíblica del Diluvio es el estado en el que vive el hombre. El hombre está realmente inundado en un océano de luz líquida en el que se mueven innumerables seres de luz.

La historia del Diluvio se está representando hoy en día. El hombre es el Arca que contiene en su interior los principios masculino-femenino de todo ser viviente. La paloma o idea que es enviada a buscar tierra firme es el intento del hombre de encarnar sus ideas. Las ideas del hombre se parecen a los pájaros en vuelo, como la paloma de la historia, que regresa al hombre sin encontrar un lugar donde descansar. Si el hombre no permite que esas búsquedas infructuosas lo desanimen, un día el pájaro regresará con una ramita verde. Después de asumir la conciencia de la cosa deseada, se convencerá de que es así; y sentirá y sabrá que él es aquello de lo que se ha apropiado conscientemente, aunque sus sentidos aún no lo confirmen. Un día el hombre se identificará tanto con su concepción que sabrá que es él mismo, y declarará: "YO SOY; YO SOY aquello que deseo ser (YO SOY lo que YO SOY)". Descubrirá que al hacerlo, comenzará a encarnar su deseo (la paloma o el deseo encontrará esta vez tierra firme), y así comprenderá el misterio de la palabra hecha carne.

Todo lo que existe en el mundo es una cristalización de esta luz líquida. YO SOY la luz del mundo. Tu conciencia de ser es la luz líquida del mundo que se cristaliza en las concepciones que tienes de ti mismo.

Tu conciencia incondicionada de ser se concibió primero en luz líquida (que es la velocidad inicial del universo). Todas las cosas, desde las vibraciones o expresiones de vida más altas hasta las más bajas, no son más que las diferentes vibraciones de velocidades de esta velocidad inicial; el oro, la plata, el hierro, la madera, la carne, etc., son sólo diferentes expresiones o velocidades de esta única sustancia: la luz líquida.

Todas las cosas son luz líquida cristalizada; la diferenciación o infinitud de la expresión es causada por el deseo del que concibe de conocerse a sí mismo. Tu concepción de ti mismo determina automáticamente la velocidad necesaria para expresar aquello que has concebido que eres.

El mundo es un océano de luz líquida en innumerables estados diferentes de cristalización.

PREGUNTAS Y RESPUESTAS DE REFLEXIÓN

1. ¿Qué quiere decir Neville Goddard con la frase "océano de luz líquida"?

- **Respuesta:** El "océano de luz líquida" simboliza la esencia fundamental de la existencia, donde todo, incluida la humanidad, está compuesto de luz. Este concepto sugiere que la realidad es una interacción vibrante y dinámica de conciencia y energía, y que nuestra conciencia da forma a nuestras experiencias.

-

2. ¿Cómo se relaciona la historia bíblica del Diluvio con el concepto de manifestación en las enseñanzas de Goddard?

- **Respuesta:** El Diluvio representa la naturaleza abrumadora de las ideas y los deseos que experimentan los individuos. Así como el Arca de Noé contenía los principios masculino-femenino de la vida, cada persona tiene el potencial de encarnar sus deseos. La búsqueda de tierra firme es paralela a la búsqueda de la realización, donde las ideas de uno (la paloma) deben ser nutridas hasta que se manifiesten como realidades tangibles.

-

3. ¿Cuál es el significado del regreso de la paloma con una rama verde en el contexto de este capítulo?

- **Respuesta:** La paloma que regresa con una ramita verde significa la realización y manifestación de los deseos.

Simboliza la esperanza y el éxito final de la materialización de las propias ideas, indicando que la persistencia y la fe inquebrantable en los propios deseos conducirán a su cumplimiento.

-

4. ¿Cómo juega el concepto de "YO SOY" un papel crucial en la manifestación personal según Goddard?

- **Respuesta:** La frase "YO SOY" representa la identificación del individuo con sus deseos. Al declarar "YO SOY lo que deseo ser", uno alinea su conciencia con sus metas, encarnando efectivamente sus aspiraciones y haciéndolas realidad. Esta declaración actúa como una poderosa afirmación de la verdadera naturaleza y potencial de uno.

-

5. ¿De qué manera sugiere Goddard que todas las cosas son una cristalización de luz líquida?

- **Respuesta:** Goddard sugiere que todas las formas y experiencias físicas son manifestaciones de luz líquida que se han cristalizado a través de la conciencia. Las variaciones en las formas y expresiones (como los metales, la madera y la carne) son resultado de las diferentes frecuencias vibratorias de esta sustancia subyacente, lo que refleja el poder creativo del pensamiento y la percepción.

-

6. ¿Cómo afecta la concepción que uno tiene de sí mismo a su realidad, basándose en las ideas presentadas en este capítulo?

- **Respuesta:** La concepción que tiene un individuo de sí mismo determina su frecuencia vibratoria y la realidad que atrae. Al comprender y moldear conscientemente su autoconcepto, los individuos pueden influir en los resultados y experiencias de su vida, transformando su realidad para alinearla con sus deseos.

-

7. ¿Qué papel juega la conciencia en el proceso de cristalización, según Goddard?

- **Respuesta:** La conciencia actúa como la fuente de la que surgen todas las manifestaciones. Es la luz líquida que se cristaliza en forma física en función de los conceptos y creencias que uno tiene sobre sí mismo. Por lo tanto, cultivar una conciencia positiva y expansiva es esencial para manifestar las experiencias deseadas.

-

8. ¿Cómo se puede utilizar el concepto de luz líquida en la vida diaria para la transformación personal?

- **Respuesta:** Para utilizar el concepto de luz líquida, las personas pueden centrarse en mejorar su autoconciencia y elegir conscientemente creencias que las empoderen. Al aceptar la idea de que son los arquitectos de su realidad, pueden visualizar y encarnar sus estados deseados, facilitando así la transformación y la manifestación personal.

-

9. ¿Qué implica Goddard acerca de la naturaleza de la existencia y su relación con la conciencia?

- **Respuesta:** Goddard insinúa que la existencia es fundamentalmente una expresión de la conciencia. Todas las experiencias y formas surgen de la misma fuente de luz líquida, y la conciencia desempeña un papel fundamental en la configuración de la realidad. Esto sugiere que al transformar la propia conciencia, uno puede alterar sus experiencias y manifestaciones en el mundo.

-

10. ¿Cómo la metáfora de la luz líquida desafía las percepciones convencionales de la materialidad?

- **Respuesta:** La metáfora de la luz líquida desafía la idea de que la materialidad es fija y separada de la conciencia. En cambio, presenta una visión dinámica de la realidad donde todas las formas son expresiones interconectadas de luz, influenciadas por la conciencia. Esta perspectiva alienta a las personas a ver más allá de las apariencias y reconocer la naturaleza fluida de la existencia.

CAPÍTULO VEINTE

EL ALIENTO DE LA VIDA

¿Realmente el profeta Elías devolvió la vida al hijo muerto de la viuda? Esta historia, junto con todas las demás historias de la Biblia, es un drama psicológico que tiene lugar en la conciencia del hombre. La viuda simboliza a todos los hombres y mujeres del mundo; el niño muerto representa los deseos y ambiciones frustrados del hombre; mientras que el profeta Elías simboliza el poder de Dios dentro del hombre, o la conciencia del ser del hombre.

La historia nos cuenta que el profeta tomó al niño muerto del seno de la viuda y lo llevó a una habitación superior. Al entrar en la habitación superior, cerró la puerta detrás de ellos, colocó al niño sobre una cama, le insufló vida; regresó a la madre, le entregó el niño y le dijo: "Mujer, tu hijo vive".

Los deseos del hombre pueden simbolizarse con el niño muerto. El mero hecho de que desee es una prueba positiva de que lo deseado aún no es una realidad viva en su mundo. Intenta por todos los medios concebibles hacer realidad ese deseo, hacerlo vivir, pero al final descubre que todos los intentos son infructuosos.

La mayoría de los hombres no son conscientes de la existencia del poder infinito que hay en ellos como profeta. Permanecen indefinidamente con un niño muerto en sus brazos, sin darse cuenta de que el deseo es la indicación positiva de capacidades ilimitadas para su cumplimiento.

Si el hombre reconoce que su conciencia es un profeta que insufla vida a todo lo que es consciente de ser, cerrará la puerta de sus sentidos a su problema y fijará su atención únicamente en lo que desea, sabiendo que al hacerlo así, sus deseos se harán realidad con toda seguridad. Descubrirá que el reconocimiento es el aliento de vida, pues percibirá (mientras afirma conscientemente que está expresando o poseyendo todo lo que desea ser o tener) que estará insuflando el aliento de vida a su deseo. La cualidad que se le atribuye al deseo (de una manera que él desconoce) comenzará a moverse y a convertirse en una realidad viviente en su mundo.

Sí, el profeta Elías vive para siempre como la conciencia ilimitada del ser del hombre, la viuda como su conciencia limitada del ser y el niño como aquello que él desea ser.

PREGUNTAS Y RESPUESTAS DE REFLEXIÓN

1. ¿Cuál es el significado simbólico de los personajes de la historia del profeta Elías, la viuda y el niño muerto?

- **Respuesta:** La viuda representa la conciencia limitada de la humanidad y sus luchas, el niño muerto simboliza los deseos y ambiciones insatisfechas, mientras que el profeta Elías encarna el potencial y la conciencia ilimitados que hay dentro de cada individuo. Juntos, ilustran la dinámica del deseo, el potencial y el poder de la conciencia.

-

2. ¿Cómo interpreta Goddard el acto del profeta de insuflar vida al niño muerto?

- **Respuesta:** Infundir vida en el niño muerto simboliza la activación de los propios deseos a través de la conciencia y el reconocimiento del propio poder inherente. Goddard sugiere que al centrarse en lo que uno desea y afirmar que ya es parte de su realidad, las personas pueden manifestar sus deseos en experiencias vivas.

-

3. ¿En qué sentido los intentos de las personas por satisfacer sus deseos a menudo se parecen a los esfuerzos de la viuda con su hijo muerto?

- **Respuesta:** Muchas personas alimentan incansablemente sus deseos sin darse cuenta de que estos deseos aún no son realidades en sus vidas. Pueden aferrarse a sus frustraciones, como la viuda que se aferra a su hijo muerto, sin reconocer su propio poder interior para hacer realidad esos deseos.

-

4. ¿Qué quiere decir Goddard cuando afirma que "el reconocimiento es el aliento de la vida"?

- **Respuesta:** Goddard sugiere que reconocer y afirmar que los propios deseos ya se han cumplido es la clave para manifestarlos. Al reconocer conscientemente el propio potencial y afirmar que se posee lo que se desea, las personas activan el poder creativo que hay en su interior, algo similar a insuflar vida a sus aspiraciones.

-

5. ¿Cómo puede uno cerrar la "puerta de sus sentidos" para manifestar sus deseos de manera efectiva?

- **Respuesta:** Cerrar la "puerta de los sentidos" se refiere a desentenderse de las distracciones externas y las influencias negativas que pueden contradecir los propios deseos. Al centrarse únicamente en el estado deseado y visualizarlo como una realidad presente, uno puede cultivar la creencia y la conciencia necesarias para la manifestación.

-

6. ¿Cómo la interpretación de Goddard de la historia de Elías alienta a las personas a explorar su conciencia?

- **Respuesta:** Goddard alienta a las personas a explorar su conciencia reconociendo que ésta es una poderosa fuerza de cambio. Al comprender que sus pensamientos y creencias dan forma a su realidad, pueden aprovechar este poder para resucitar sus deseos y hacerlos realidad.

-

7. ¿De qué manera el reconocerse a sí mismo como "profeta" puede transformar el modo en que uno aborda los desafíos y los deseos?

- Respuesta: Reconocerse a uno mismo como el "profeta" permite a las personas hacerse responsables de sus realidades. Transforma su actitud de una espera pasiva a que las circunstancias cambien a una participación activa en la configuración de sus experiencias a través de la creencia y la intención.

-

8. ¿Cómo sirve el concepto del "niño muerto" como recordatorio de la importancia de la intención y el enfoque en el proceso de manifestación?

- Respuesta: El "niño muerto" sirve como recordatorio de que los deseos insatisfechos requieren concentración y cuidado intencionales. En lugar de permitir que la frustración dicte sus emociones, se anima a las personas a dirigir conscientemente sus pensamientos y sentimientos hacia lo que desean crear, infundiendo así vida a sus deseos.

-

9. ¿Cómo se pueden aplicar prácticamente los principios analizados en este capítulo a la vida cotidiana?

- **Respuesta:** Se pueden aplicar estos principios practicando regularmente la visualización y las afirmaciones, afirmando que los deseos ya se han cumplido y minimizando la atención a las evidencias contrarias en la vida. Crear un espacio dedicado a la reflexión y al establecimiento de intenciones también puede ayudar a esta práctica.

-

10. ¿Qué sugiere la interpretación de Goddard sobre la relación entre la conciencia y la realidad?

- **Respuesta:** La interpretación de Goddard sugiere que la conciencia es la fuerza primaria que configura la realidad. Nuestra conciencia y creencias influyen directamente en nuestras experiencias, lo que indica que al transformar nuestra conciencia, podemos transformar nuestras realidades. Esto pone de relieve la profunda conexión entre pensamiento, creencia y manifestación.

CAPÍTULO VEINTIUNO

DANIEL EN EL FOSO DE LOS LEONES

Tu Dios, a quien sirves continuamente, él te librará.
Daniel 6:16

La historia de Daniel es la historia de todo hombre. Está escrito que Daniel, mientras estaba encerrado en el foso de los leones, dio la espalda a las bestias hambrientas y, con la vista vuelta hacia la luz que venía de arriba, oró al único Dios. Los leones, que habían sido dejados morir de hambre a propósito para el banquete, no pudieron hacer daño al profeta. La fe de Daniel en Dios era tan grande que finalmente le permitió obtener la libertad y su nombramiento para un alto cargo en el gobierno de su país. Esta historia fue escrita para que usted aprenda el arte de liberarse de cualquier problema o prisión del mundo.

La mayoría de nosotros, al encontrarnos en el foso de los leones, nos preocuparíamos sólo de los leones, no pensaríamos en ningún otro problema del mundo entero que no fuera el de los leones; sin embargo, se nos dice que Daniel les dio la espalda y miró hacia la luz que era Dios. Si pudiéramos seguir el ejemplo de Daniel cuando nos amenazara cualquier desastre terrible como los leones, la pobreza o la enfermedad, si, como Daniel, pudiéramos desviar nuestra atención hacia la luz que es Dios, nuestras soluciones serían igualmente sencillas.

Por ejemplo, si estuvieras encarcelado, nadie necesitaría decirte que lo que debes desear es la libertad. La libertad, o más bien el deseo de ser libre, sería automático. Lo mismo sería cierto si te encontraras enfermo o endeudado o en cualquier otro aprieto. Los leones representan situaciones aparentemente insolubles de naturaleza amenazante. Todo problema produce automáticamente su solución en forma de un deseo de liberarse del problema. Por lo tanto, dale la espalda a tu problema y centra tu atención en la solución deseada sintiéndote ya como lo que deseas. Continúa con esta creencia y descubrirás que el muro de tu prisión desaparecerá a medida que comiences a expresar aquello que has tomado conciencia de ser.

He visto a personas aparentemente endeudadas sin remedio aplicar este principio y, en muy poco tiempo, sus enormes deudas se habían saldado. También he visto a personas a quienes los médicos habían dado por incurables aplicar este principio y, en un tiempo increíblemente corto, su enfermedad supuestamente incurable desapareció sin dejar cicatriz.

Considera tus deseos como las palabras habladas de Dios y cada palabra profética de lo que eres capaz de ser. No cuestiones si eres digno o indigno de realizar esos deseos. Acéptalos cuando lleguen a ti. Da gracias por ellos como si fueran regalos. Siéntete feliz y agradecido por haber recibido regalos tan maravillosos. Luego sigue tu camino en paz.

Esa simple aceptación de tus deseos es como dejar caer una semilla fértil en un suelo siempre preparado. Cuando dejas caer tu deseo en la conciencia como una semilla, confiando en que aparecerá en todo su potencial, has hecho todo lo que se esperaba de ti. Preocuparse o preocuparse por la forma en que se desarrollarán es retener esas semillas fértiles en una garra mental y, por lo tanto, impedir que maduren realmente hasta llegar a la cosecha completa.

No te preocupes ni te inquietes por los resultados. Los resultados llegarán con la misma seguridad con que el día sigue a la noche. Ten fe en esta plantación hasta que la evidencia de que es así te resulte evidente. Tu confianza en este procedimiento te dará grandes recompensas. Esperas sólo un poco en la conciencia de lo deseado; luego, de repente, y cuando menos lo esperas, lo que sientes se convierte en tu expresión. La vida no hace acepción de personas y no destruye nada; continúa manteniendo vivo aquello que el hombre es consciente de ser. Las cosas desaparecerán sólo cuando el hombre cambie su conciencia. Niégalo si quieres, sigue siendo un hecho que la conciencia es la única realidad y las cosas no son más que un reflejo de lo que eres consciente de ser. El estado celestial que buscas se encontrará sólo en la conciencia, porque el Reino de los Cielos está dentro de ti.

Tu conciencia es la única realidad viviente, la cabeza eterna de la creación. Aquello de lo que eres consciente es el cuerpo temporal que llevas puesto. Apartar tu atención de aquello de lo que eres consciente es decapitar ese cuerpo; pero, así como un pollo o una serpiente siguen saltando y palpitando durante un tiempo después de que se les ha quitado la cabeza, de la misma manera las cualidades y condiciones parecen vivir durante un tiempo después de que se les ha quitado la atención.

El hombre, que no conoce esta ley de la conciencia, piensa constantemente en sus condiciones habituales anteriores y, al prestarles atención, coloca sobre esos cuerpos muertos la cabeza eterna de la creación; de ese modo los reanima y los resucita. Hay que dejar en paz a esos cuerpos muertos y dejar que los muertos entierren a los muertos. El hombre, después de haber puesto la mano en el arado (es decir, después de haber asumido la conciencia de la cualidad deseada), al mirar atrás sólo puede frustrar su aptitud para el Reino de los Cielos.

Como la voluntad del cielo siempre se cumple en la tierra, hoy estás en el cielo que has establecido dentro de ti, porque aquí en esta misma tierra tu cielo se revela. El Reino de los Cielos realmente está cerca. Ahora es el momento aceptado. Así que crea un nuevo cielo, entra en un nuevo estado de conciencia y aparecerá una nueva tierra.

PREGUNTAS Y RESPUESTAS DE REFLEXIÓN

1. ¿Qué simboliza la historia de Daniel en el foso de los leones en el contexto de las luchas personales?

- **Respuesta:** La historia simboliza la experiencia humana universal de enfrentarse a desafíos abrumadores. Los leones representan miedos, obstáculos o situaciones negativas que parecen insuperables, mientras que la fe de Daniel y su enfoque en la luz divina ilustran el poder de la conciencia y la creencia para superar estos desafíos.

-

2. ¿Cómo sugiere Goddard que deberíamos responder a problemas aparentemente insuperables?

- **Respuesta:** Goddard aconseja que desviemos nuestra atención de los problemas (los leones) y nos concentremos en las soluciones deseadas (la luz). Al hacerlo, podemos cambiar nuestra conciencia hacia los resultados que deseamos manifestar, lo que nos permitirá trascender nuestras dificultades actuales.

-

3. ¿Qué quiere decir Goddard cuando afirma que "cada problema produce automáticamente su solución en forma de deseo de liberarse del problema"?

- **Respuesta:** Goddard destaca que la existencia de un problema genera inherentemente un deseo correspondiente de resolverlo. Esto significa que cuando enfrentamos dificultades, nuestro deseo innato de libertad o cambio actúa como una fuerza guía, impulsándonos a buscar soluciones alineadas con nuestras aspiraciones.

-

4. ¿De qué manera puede la aceptación de los propios deseos influir en el proceso de manifestación?

- **Respuesta:** Aceptar los deseos sin cuestionar su valor permite a las personas plantarlos en su conciencia como semillas fértiles. Esta aceptación fomenta una mentalidad positiva que permite que esos deseos maduren y se manifiesten, en lugar de verse sofocados por la duda o la ansiedad.

-

5. ¿Cómo se pueden "plantar" eficazmente los deseos en la conciencia como lo sugiere Goddard?

- **Respuesta:** Se pueden sembrar deseos visualizándolos como ya cumplidos, sintiendo gratitud y alegría por su eventual manifestación y manteniendo la confianza en el proceso sin obsesionarse con el resultado. Esto implica crear un entorno mental donde estos deseos puedan crecer y florecer.

-

6. ¿Qué quiere decir Goddard cuando afirma que "la conciencia es la única realidad"?

- **Respuesta:** Goddard afirma que nuestra conciencia y nuestras creencias moldean nuestras experiencias y nuestra realidad. Esto significa que aquello en lo que nos centramos conscientemente y creemos que es verdad se manifestará en nuestras vidas, mientras que las circunstancias externas son meros reflejos de nuestro estado interior de conciencia.

-

7. ¿Cómo se puede aplicar en la vida cotidiana la metáfora de "dar la espalda a los leones"?

- **Respuesta:** Esta metáfora sugiere que, cuando se enfrentan a desafíos, las personas deberían redirigir conscientemente su atención hacia resultados y soluciones positivos en lugar de concentrarse en las dificultades. En la práctica, esto puede significar practicar la atención plena, realizar afirmaciones o visualizar el éxito en lugar de concentrarse en los miedos o los reveses.

-

8. ¿Cuál es el significado de la afirmación "la vida no hace acepción de personas"?

- **Respuesta:** Esta afirmación destaca que los principios de conciencia y manifestación se aplican por igual a todos, independientemente de sus circunstancias. Sugiere que cualquiera puede transformar su realidad a través de un cambio de conciencia y creencias, lo que refuerza la idea de que nuestro mundo interior moldea nuestras experiencias externas.

-

9. ¿Cómo se relaciona la enseñanza de Goddard sobre los "cadáveres" con el abandono de las limitaciones pasadas?

- **Respuesta:** Los "cadáveres" simbolizan creencias y condiciones pasadas que ya no nos sirven. Goddard enseña que si no nos detenemos en estas condiciones obsoletas y nos concentramos en las cualidades que deseamos encarnar, podemos evitar revivir viejos patrones y crear realidades nuevas y empoderadoras.

-

10. ¿De qué manera pueden los individuos crear un "nuevo cielo" y una "nueva tierra" como los describe Goddard?

- **Respuesta:** Las personas pueden crear un nuevo cielo y una nueva tierra si eligen conscientemente cambiar su mentalidad y creencias hacia la positividad, la abundancia y la posibilidad. Esto implica participar activamente en prácticas como la visualización, las afirmaciones y la gratitud, que se alinean con los resultados deseados y permiten el surgimiento de nuevas experiencias en sus vidas.

CAPÍTULO VEINTIDÓS

PESCA

**Ellos salieron y entraron en una barca, y aquella noche
no pescaron nada.
JUAN 21:3**

**Y les dijo: Echad la red a la derecha de la barca, y
hallaréis. Así que la echaron, pero ya no la podían
sacar, por la gran cantidad de peces.
JUAN 21:6**

Se cuenta que los discípulos estuvieron pescando toda la noche y no atraparon nada. Entonces Jesús apareció en escena y les dijo que volvieran a echar las redes, pero que esta vez las echaran del lado derecho. Pedro obedeció la voz de Jesús y echó las redes una vez más al agua. Cuando apenas un momento antes el agua estaba completamente vacía de peces, las redes casi se rompieron por la cantidad de peces capturados.

El hombre, que pesca durante toda la noche de la ignorancia humana, intenta realizar sus deseos mediante el esfuerzo y la lucha, sólo para descubrir al final que su búsqueda es infructuosa. Cuando el hombre descubra que su conciencia de ser es Cristo Jesús, obedecerá su voz y dejará que ella dirija su pesca. Lanzará su anzuelo en el lado correcto; aplicará la ley de la manera correcta y buscará en la conciencia lo deseado. Al encontrarlo allí, sabrá que se multiplicará en el mundo de la forma.

Quienes han tenido el placer de pescar saben lo emocionante que es sentir el pez en el anzuelo. A la mordida del pez le sigue el juego del pez; a este juego, a su vez, le sigue la caída del pez al agua. Algo similar ocurre en la conciencia del hombre cuando pesca las manifestaciones de la vida.

Los pescadores saben que si quieren capturar peces grandes, deben hacerlo en aguas profundas; si quieren capturar una gran cantidad de vida, deben dejar atrás las aguas poco profundas con sus numerosos arrecifes y barreras y lanzarse a las aguas azules profundas donde juegan los peces grandes. Para capturar las grandes manifestaciones de la vida, deben entrar en estados de conciencia más profundos y libres; sólo en estas profundidades viven las grandes expresiones de la vida.

He aquí una fórmula sencilla para pescar con éxito. En primer lugar, decide qué es lo que quieres expresar o poseer. Esto es esencial. Debes saber con certeza qué es lo que quieres de la vida antes de poder pescarlo. Una vez que hayas tomado tu decisión, apártate del mundo de los sentidos, quita tu atención del problema y céntrate en el simple hecho de ser, repitiendo en voz baja pero con sentimiento: "YO SOY". A medida que tu atención se retira del mundo que te rodea y se centra en el YO SOY, de modo que te pierdes en el sentimiento del simple hecho de ser, te darás cuenta de que sueltas el ancla que te ataba a las aguas poco profundas de tu problema; y sin esfuerzo te encontrarás adentrándote en las profundidades.

La sensación que acompaña a este acto es de expansión. Sentirás que te elevas y te expandes como si realmente estuvieras creciendo. No tengas miedo de esta experiencia de flotar y crecer, porque no vas a morir a nada más que a tus limitaciones. Sin embargo, tus limitaciones morirán a medida que te alejes de ellas, porque viven solo en tu conciencia.

En esta conciencia profunda o expandida, te sentirás como un poderoso poder palpitante, tan profundo y rítmico como el océano. Esta sensación expandida es la señal de que ahora estás en las profundas aguas azules donde nadan los peces grandes. Supón que los peces que decidiste pescar fueran la salud y la libertad. Comienzas a pescar en esta profundidad palpitante y sin forma de ti mismo en busca de estas cualidades o estados de conciencia sintiendo "YO SOY saludable", "YO SOY libre". Continúas afirmando y sintiéndote saludable y libre hasta que la convicción de que lo eres te posea.

A medida que la convicción nace dentro de ti, de modo que todas las dudas desaparecen y sabes y sientes que estás libre de las limitaciones del pasado, sabrás que has atrapado a esos peces. La alegría que recorre todo tu ser al sentir que eres lo que deseabas ser es igual a la emoción del pescador cuando atrapa su pez.

Ahora viene el juego del pez. Esto se logra volviendo al mundo de los sentidos. Al abrir los ojos al mundo que te rodea, la convicción y la conciencia de que estás sano y libre deben estar tan arraigadas en ti que todo tu ser se estremece de anticipación. Luego, mientras recorres el intervalo de tiempo necesario que tardarán las cosas sentidas en encarnarse, sentirás una emoción secreta al saber que dentro de poco, aquello que ningún hombre ve, pero que tú sientes y sabes que eres, será desembarcado.

En un momento en que no pienses, mientras camines fielmente en esta conciencia, comenzarás a expresar y poseer aquello que eres consciente de ser y poseer; experimentando con el pescador la alegría de pescar el pez grande. Ahora, ve y pesca las manifestaciones de la vida echando tus redes en el lado correcto.

PREGUNTAS Y RESPUESTAS DE REFLEXIÓN

1. ¿Qué simboliza el acto de pescar en el contexto de los deseos y manifestaciones personales?

- **Respuesta:** La pesca simboliza la búsqueda de deseos y aspiraciones en la vida. Así como los pescadores buscan atrapar peces, los individuos buscan manifestar sus deseos a través de la intención y la conciencia enfocadas. El capítulo enfatiza que el éxito de esta búsqueda depende de comprender y aplicar la mentalidad correcta.

-

2. ¿Cómo diferencia Goddard entre pescar en aguas poco profundas y en aguas profundas?

- **Respuesta:** Las aguas poco profundas representan estados limitados de conciencia, donde uno se ve atrapado por dudas y obstáculos. Las aguas profundas simbolizan estados expansivos de conciencia donde residen mayores posibilidades y manifestaciones. Para lograr resultados significativos, uno debe cambiar su enfoque del pensamiento superficial a estados de conciencia más profundos y liberados.

-

3. ¿Cuál es el significado de la frase "echar la red al lado derecho"?

- **Respuesta:** Lanzar la red hacia el lado derecho significa la importancia de alinear las acciones e intenciones con la mentalidad o conciencia correcta. Sugiere que para manifestar los deseos con éxito, uno debe estar en armonía con su verdadero yo y el universo, permitiendo el flujo de la abundancia.

-

4. ¿Qué papel juega la práctica de decir "YO SOY" en el proceso de manifestación?

- **Respuesta:** La práctica de decir "YO SOY" sirve como una afirmación poderosa que ayuda a las personas a conectarse con su verdadera esencia y el estado deseado. Les permite anclar su enfoque en el momento presente, creando una sensación de ser que les permite ir más allá de las limitaciones y abrazar la realidad deseada.

-

5. ¿Cómo se puede interpretar la sensación de expansión en el contexto del crecimiento personal?

- **Respuesta:** La sensación de expansión representa la liberación de las limitaciones y el despertar del verdadero potencial de uno mismo. Significa un cambio de conciencia en el que uno siente una conexión más profunda con sus deseos y una mayor capacidad para manifestarlos. Esta sensación indica que uno se está alejando de las creencias restrictivas y entrando en un reino de abundancia.

-

6. ¿De qué manera se puede garantizar que se están "enganchando" eficazmente sus deseos?

- **Respuesta:** Para "enganchar" los deseos de manera efectiva, uno debe cultivar una profunda convicción y conexión emocional con lo que desea manifestar. Esto implica afirmar y encarnar constantemente las cualidades o estados del ser que se alinean con esos deseos hasta que siente una certeza intrínseca de que esas manifestaciones ya son suyas.

-

7. ¿Qué quiere decir Goddard cuando se refiere al "juego de los peces"?

- **Respuesta:** El "juego del pez" se refiere al período de anticipación y excitación que sigue a la manifestación inicial de los deseos. Implica regresar al mundo físico con una sensación de confianza y expectativa, sabiendo que las cosas que se sienten en el interior eventualmente se materializarán en forma tangible.

-

8. ¿Cómo pueden las personas gestionar sus expectativas durante el "intervalo de tiempo" antes de que sus deseos se manifiesten?

- **Respuesta:** Las personas pueden gestionar sus expectativas manteniendo una fuerte convicción interna y una sensación de paz sobre el proceso que se está desarrollando. Esto implica confiar en el tiempo del universo, centrarse en los sentimientos de ser ya lo que desean y evitar pensamientos ansiosos que puedan perturbar el proceso de manifestación.

-

9. ¿Qué lecciones se pueden aprender del fracaso inicial de los discípulos al intentar pescar?

- **Respuesta:** El fracaso inicial de los discípulos ilustra que el esfuerzo por sí solo, sin la mentalidad o la guía adecuadas, puede conducir a la inutilidad. Enseña que estar abierto a la dirección divina, ajustar el enfoque y alinearse con una conciencia superior son cruciales para el éxito en el logro de las metas.

-

10. ¿Cómo enfatiza la enseñanza de Goddard la relación entre la conciencia y la realidad?

- **Respuesta:** Goddard enfatiza que la conciencia moldea la realidad; aquello en lo que nos centramos y creemos que es verdad se convierte en nuestra experiencia. Al elegir conscientemente entrar en estados más profundos de conciencia y abrazar nuestros deseos, nos alineamos con la abundancia del universo, permitiendo que esos deseos se manifiesten en nuestras vidas.

CAPÍTULO VEINTITRÉS

SED OÍDOS QUE ESCUCHAN

**Dejad que estas palabras penetren en vuestros oídos, porque el hijo del hombre será entregado en manos de los hombres.
LUCAS 9:44**

Dejad que estas palabras penetren en vuestros oídos, porque el Hijo del Hombre será entregado en manos de los hombres. No seáis como aquellos que tienen ojos que no ven y oídos que no oyen. Dejad que estas revelaciones penetren profundamente en vuestros oídos, porque después de que el Hijo (idea) sea concebido, el hombre con sus falsos valores (razón) intentará explicar el porqué y el motivo de la expresión del Hijo, y al hacerlo lo despedazará.

Después de que los hombres hayan convenido en que cierta cosa es humanamente imposible y, por lo tanto, no puede hacerse, dejemos que alguien logre lo imposible; los sabios que dijeron que no podía hacerse comenzarán a decirnos por qué y cómo sucedió. Después de que todos hayan terminado de desgarrar la túnica sin costuras (causa de la manifestación), estarán tan lejos de la verdad como cuando proclamaron que era imposible. Mientras el hombre busque la causa de la expresión en lugares distintos del que la expresa, buscará en vano.

Durante miles de años se le ha dicho al hombre: "YO SOY la resurrección y la vida". "Ninguna manifestación viene a mí a menos que yo la atraiga", pero el hombre no lo cree. Prefiere creer en causas externas a él. En el momento en que lo que no se veía se hace visible, el hombre está listo para explicar la causa y el propósito de su aparición. De este modo, el Hijo del Hombre (la idea que desea la manifestación) está siendo destruido constantemente a manos (de la explicación razonable o la sabiduría) del hombre.

Ahora que tu conciencia se te revela como causa de toda expresión, no regreses a la oscuridad de Egipto con sus muchos dioses. Sólo hay un Dios. El único Dios es tu conciencia. "Y todos los habitantes de la tierra son considerados como nada". "Y él hace según su voluntad en el ejército del Cielo y entre los habitantes de la tierra y nadie puede detener su mano, ni decirle: ¿Qué haces?" Si todo el mundo estuviera de acuerdo en que cierta cosa no puede expresarse y, sin embargo, te dieras cuenta de ser aquello que ellos habían acordado que no podía expresarse, lo expresarías. Tu conciencia nunca pide permiso para expresar aquello que eres consciente de ser. Lo hace, naturalmente y sin esfuerzo, a pesar de la sabiduría del hombre y de toda oposición.

"No saludéis a nadie por el camino". Esto no es una orden de ser insolente o antipático, sino un recordatorio de no reconocer a un superior, de no ver en nadie una barrera para vuestra expresión. Nadie puede detener vuestra mano ni cuestionar vuestra capacidad de expresar aquello que sois conscientes de ser. No juzguéis según las apariencias de las cosas, "pues todo es como nada a los ojos de Dios". Cuando los discípulos, mediante su juicio de apariencias, vieron al niño loco, pensaron que era un problema más difícil de resolver que otros que habían visto; y así no lograron curarlo. Al juzgar según las apariencias, olvidaron que todas las cosas eran posibles para Dios. Hipnotizados como estaban por la realidad de las apariencias, no podían sentir la naturalidad de la cordura.

La única manera de evitar tales fracasos es tener siempre presente que tu conciencia es el Todopoderoso, la presencia omnisciente; sin ayuda, esta presencia desconocida dentro de ti expresa sin esfuerzo aquello que eres consciente de ser. Sé perfectamente indiferente a la evidencia de los sentidos, de modo que puedas sentir la naturalidad de tu deseo, y tu deseo se hará realidad. Apártate de las apariencias y siente la naturalidad de esa percepción perfecta dentro de ti, una cualidad de la que nunca debes desconfiar ni dudar. Su comprensión nunca te llevará por mal camino. Tu deseo es la solución de tu problema. Cuando el deseo se hace realidad, el problema se disuelve.

No se puede forzar nada hacia afuera con el más poderoso esfuerzo de la voluntad. Sólo hay una manera de ordenar las cosas que se quieren y es asumiendo la conciencia de las cosas deseadas. Hay una enorme diferencia entre sentir algo y simplemente conocerlo intelectualmente. Hay que aceptar sin reservas el hecho de que al poseer (sentir) algo en la conciencia se ha ordenado la realidad que hace que llegue a existir en forma concreta. Hay que estar absolutamente convencido de que existe una conexión ininterrumpida entre la realidad invisible y su manifestación visible. La aceptación interior debe convertirse en una convicción intensa e inalterable que trascienda tanto la razón como el intelecto, renunciando por completo a cualquier creencia en la realidad de la exteriorización excepto como reflejo de un estado interior de conciencia. Cuando realmente se entiendan y crean estas cosas, habrán desarrollado una certeza tan profunda que nada podrá hacer quebrantarlos.

Tus deseos son las realidades invisibles que responden únicamente a los mandatos de Dios. Dios ordena que lo invisible aparezca al afirmar que Él es lo que se le ordena. "Se hizo igual a Dios y no consideró que fuera cosa a que aferrarse hiciera las obras de Dios". Ahora deja que este dicho penetre profundamente en tu oído: SÉ CONSCIENTE DE SER LO QUE QUIERES APARECER.

PREGUNTAS Y RESPUESTAS DE REFLEXIÓN

1. ¿Qué significa "dejar que estas palabras penetren en vuestros oídos"?

- **Respuesta:** Esta frase enfatiza la importancia de absorber e interiorizar profundamente las enseñanzas presentadas. Invita a los lectores a reflexionar sobre estas ideas e integrarlas en su conciencia en lugar de descartarlas como meras palabras, fomentando así una comprensión profunda de sus implicaciones.

-

2. ¿Cómo explica Goddard la relación entre conciencia y manifestación?

- **Respuesta:** Goddard afirma que la conciencia es la causa primaria de todas las expresiones y manifestaciones. Enseña que nuestra conciencia tiene el poder de moldear la realidad; al ser conscientes de nuestros deseos y hacerlos realidad, podemos hacerlos realidad. El capítulo enfatiza que buscar causas fuera de uno mismo conduce a malentendidos y limitaciones.

-

3. ¿Qué papel juega la razón en el proceso de manifestación según Goddard?

- **Respuesta:** La razón a menudo actúa como una barrera para comprender y aceptar el potencial de manifestación. Cuando las personas confían en explicaciones racionales o normas sociales, pueden destruir inadvertidamente sus deseos antes de que puedan expresarlos plenamente. Goddard alienta a los lectores a ir más allá de la razón y confiar en su conciencia interior.

-

4. ¿Cómo se relaciona el concepto de "No saludar a nadie por el camino" con el autoempoderamiento?

- **Respuesta:** Este concepto alienta a las personas a reconocer su propio poder y a no ver a los demás como barreras para su éxito o expresión. Sirve como recordatorio para mantener el foco en las capacidades internas de uno en lugar de en las validaciones u opiniones externas, reforzando la creencia de que la propia conciencia es suficiente para manifestar los deseos.

-

5. ¿Por qué es importante ser indiferente a la evidencia de los sentidos?

- **Respuesta:** La indiferencia ante las evidencias sensoriales permite a las personas elevarse por encima de las apariencias y centrarse en sus convicciones internas. Goddard enseña que la realidad de los deseos de una persona no está dictada por las circunstancias externas, sino por la propia conciencia. Esta indiferencia ayuda a cultivar un sentido de confianza en los procesos invisibles de manifestación.

-

6. ¿Qué quiere decir Goddard cuando afirma que el deseo es la solución a los problemas?

- **Respuesta:** Goddard sugiere que cada problema lleva inherentemente la semilla de su solución en forma de deseo. Al centrarse en el deseo de resolución en lugar del problema en sí, las personas pueden alinearse con el flujo natural de la vida que conduce al cumplimiento de esos deseos, disolviendo efectivamente el problema.

-

7. ¿Cómo se puede ordenar eficazmente que los deseos se hagan realidad?

- **Respuesta:** Para que los deseos se hagan realidad, uno debe asumir la conciencia de poseer o ser lo que desea. Esto implica sentir las emociones y sensaciones asociadas con ese estado de ser y desarrollar una convicción profunda e inquebrantable de su realidad. Goddard enfatiza que el mero reconocimiento intelectual es insuficiente; la creencia verdadera debe sentirse y encarnarse.

-

8. ¿Cuál es el significado de tener una "conexión ininterrumpida" entre lo invisible y lo visible?

- **Respuesta:** Una conexión ininterrumpida significa la comprensión de que lo que se siente dentro de la conciencia se manifestará inevitablemente en el mundo físico. Goddard enseña que nuestros estados internos influyen directamente en nuestra realidad externa y que mantener esta conciencia permite que los deseos fluyan sin interrupciones hacia la manifestación.

-

9. ¿Cómo pueden los individuos construir una "certidumbre profunda" acerca de sus deseos?

- **Respuesta:** Para generar una certeza profunda es necesario practicar constantemente la autoconciencia, la afirmación y la conexión emocional con los deseos. Practicar la visualización, repetir afirmaciones y reflexionar sobre los éxitos pasados puede reforzar la creencia y crear una confianza inquebrantable en que los deseos se manifestarán.

-

10. ¿Qué significa "SER CONSCIENTE DE SER AQUELLO QUE QUIERES APARECER"?

- **Respuesta:** Esta afirmación resume la esencia de la enseñanza de Goddard: encarnar las cualidades y los estados de ser que uno desea expresar. Significa vivir activamente en sintonía con esos deseos, sintiéndolos como una realidad presente en lugar de como metas lejanas, preparando así el terreno para su manifestación final en el mundo físico.

CAPÍTULO VEINTICUATRO

CLARIVIDENCIA

Teniendo ojos, ¿no veis? ¿Y teniendo oídos, no oís? ¿Y no recordáis?
Marcos 8:18

La verdadera clarividencia no reside en tu capacidad de ver cosas que están más allá del alcance de la visión humana, sino más bien en tu capacidad de comprender lo que ves.

Cualquiera puede ver un estado financiero, pero muy pocos pueden leerlo. La capacidad de interpretar un estado financiero es una señal de clarividencia.

Que todo objeto, tanto animado como inanimado, está envuelto en una luz líquida que se mueve y pulsa con una energía mucho más radiante que los propios objetos, nadie lo sabe mejor que el autor; pero él también sabe que la capacidad de ver tales auras no es igual a la capacidad de comprender lo que uno ve en el mundo que lo rodea.

Para ilustrar este punto, he aquí una historia que todo el mundo conoce, pero que sólo el verdadero místico o clarividente ha visto alguna vez.

SINOPSIS

La historia del "Conde de Montecristo" de Dumas es, para el místico y verdadero clarividente, la biografía de todo hombre.

I

Edmond Dantés, un joven marinero, encuentra muerto al capitán de su barco. Toma el mando del navío en medio de un mar agitado e intenta dirigirlo hacia un fondeadero seguro.

II

En Dantés hay un documento secreto que debe ser entregado a un hombre que no conoce, pero que se dará a conocer al joven marino a su debido tiempo. Este documento es un plan para liberar al emperador Napoleón de su prisión en la isla de Elba.

III

Cuando Dantés llega al puerto, tres hombres (que con sus halagos y elogios han logrado ganarse la simpatía del actual rey), temiendo cualquier cambio que altere sus posiciones en el gobierno, hacen arrestar al joven marinero y lo encierran en las catacumbas.

IV

En esta tumba, Dantés es olvidado y abandonado a su suerte. Pasan muchos años. Un día, Dantés (que para entonces es un esqueleto viviente) oye que llaman a la pared. Al responder a los golpes, oye la voz de alguien que está al otro lado de la piedra. En respuesta a esta voz, Dantés retira la piedra y descubre a un anciano sacerdote que lleva tanto tiempo en prisión que nadie sabe el motivo de su encarcelamiento ni cuánto tiempo lleva allí.

COMENTARIO

I

La vida misma es un mar tempestuoso con el que el hombre lucha mientras intenta llegar a un refugio de descanso.

II

Dentro de cada hombre está el plan secreto que liberará al poderoso emperador que hay dentro de sí mismo.

III

El hombre en su intento de encontrar seguridad en este mundo es engañado por las falsas luces de la codicia, la vanidad y el poder.

La mayoría de los hombres creen que la fama, la gran riqueza o el poder político los protegerían de las tormentas de la vida. Por eso tratan de adquirirlos como anclas de su vida, sólo para descubrir que en su búsqueda de ellos van perdiendo gradualmente el conocimiento de su verdadero ser. Si el hombre deposita su fe en cosas distintas de sí mismo, aquello en lo que deposita su fe lo destruirá con el tiempo; en ese momento será como alguien prisionero de la confusión y la desesperación.

IV

Aquí, detrás de estos muros de oscuridad mental, el hombre permanece en lo que parece ser una muerte en vida. Después de años de desilusión, el hombre se aleja de estos falsos amigos y descubre dentro de sí al antiguo (su conciencia de ser) que ha estado enterrado desde el día en que creyó por primera vez ser hombre y olvidó que era Dios.

SINOPSIS

V

El anciano sacerdote había pasado muchos años cavando para salir de esta tumba viviente, y descubrió que había cavado para entrar en la tumba de Dantés. Entonces se resignó a su destino y decidió encontrar su alegría y su libertad instruyendo a Dantés en todo lo que sabe sobre los misterios de la vida y ayudándolo a escapar también.

Dantés, al principio, está impaciente por adquirir toda esta información; pero el anciano sacerdote, con la infinita paciencia que ha adquirido durante su largo encarcelamiento, le demuestra lo poco apto que es para recibir este conocimiento en su actual mente, desprevenida y ansiosa. Así, con calma filosófica, le revela lentamente al joven los misterios de la vida y del tiempo.

VI

A medida que Dantés madura bajo las instrucciones del anciano sacerdote, el anciano se encuentra viviendo cada vez más en la conciencia de Dantés. Finalmente, le imparte su último pedacito de sabiduría, lo que lo hace competente para manejar puestos de confianza. Luego le habla de un tesoro inagotable enterrado en la Isla de Monte Cristo.

VII

Ante esta revelación, las paredes de la catacumba que los separaba del océano se derrumban, aplastando al anciano hasta matarlo. Los guardias, al descubrir el accidente, cosen el cuerpo del anciano sacerdote en un saco y se disponen a arrojarlo al mar. Cuando salen a buscar una camilla, Dantés saca el cuerpo del anciano sacerdote y se cose a sí mismo en el saco. Los guardias, ajenos a este cambio de cuerpos y creyendo que se trata del anciano, arrojan a Dantés al agua.

COMENTARIO

V

Esta revelación es tan maravillosa que, cuando el hombre la oye por primera vez, quiere adquirirla de una vez; pero descubre que, después de innumerables años de creer que es hombre, ha olvidado tan completamente su verdadera identidad que ahora es incapaz de asimilar este recuerdo de una vez. Descubre también que sólo puede hacerlo en la medida en que abandone todos los valores y opiniones humanos.

VI

A medida que el hombre abandona estos preciados valores humanos, absorbe cada vez más de la luz (el viejo sacerdote) hasta que finalmente se convierte en la luz y se reconoce a sí mismo como el antiguo.

YO SOY la luz del mundo.

VII

El fluir de sangre y agua en la muerte del anciano sacerdote es comparable al fluir de sangre y agua del costado de Jesús cuando los soldados romanos lo traspasaron, fenómeno que siempre tiene lugar al nacer (simbolizando aquí el nacimiento de una conciencia superior).

SINOPSIS

VIII

Dantés se libera del saco, se dirige a la isla de Montecristo y descubre el tesoro enterrado. Entonces, armado con esta fabulosa riqueza y esta sabiduría sobrehumana, descarta su identidad humana de Edmundo Dantés y asume el título de Conde de Montecristo.

COMENTARIO

VIII

El hombre descubre que su conciencia de ser es el tesoro inagotable del universo. El día en que el hombre hace este descubrimiento, muere como hombre y despierta como Dios.

Sí, Edmond Danté se convierte en el Conde de Montecristo. El hombre se convierte en Cristo.

PREGUNTAS Y RESPUESTAS DE REFLEXIÓN

1. ¿Cuál es la verdadera naturaleza de la clarividencia según Goddard?

- **Respuesta:** La verdadera clarividencia no es simplemente la capacidad de ver más allá de las limitaciones físicas, sino la capacidad de comprender e interpretar lo que uno percibe. Implica una percepción y una sabiduría más profundas que la mera observación sensorial.

-

2. ¿Cómo utiliza Goddard la historia de El Conde de Montecristo para ilustrar la transformación personal?

- **Respuesta:** La historia simboliza el viaje de autodescubrimiento y empoderamiento. La transformación de Edmond Dantés de marinero a Conde de Montecristo representa el despertar del verdadero potencial y la conciencia del ser, destacando que cada individuo tiene la capacidad de realizar su grandeza inherente.

-

3. ¿Qué representa el mar tempestuoso en el contexto de la vida y los desafíos personales?

- **Respuesta:** El mar tempestuoso simboliza las luchas y el tumulto de la vida que enfrentan las personas. Para sortear estos desafíos se necesita fuerza interior y orientación, lo que refleja el viaje de la autoconciencia y la búsqueda de los verdaderos deseos de uno mismo.

-

4. ¿De qué manera los valores falsos, como la fama y la riqueza, obstaculizan el crecimiento personal?

- **Respuesta:** Depositar la fe en factores externos como la fama y la riqueza puede generar una falsa sensación de seguridad, que en última instancia causa confusión y desesperación. Estas actividades distraen a las personas de reconocer su verdadero yo y su potencial, atrapándolas en un ciclo de insatisfacción y limitación.

-

5. ¿Cómo contribuye la sabiduría del anciano sacerdote al viaje de Dantés ?

- **Respuesta:** El anciano sacerdote representa la sabiduría y el conocimiento interior que yace latente en cada persona. Sus pacientes enseñanzas guían a Dantés a prepararse mental y espiritualmente para una mayor comprensión, enfatizando la importancia de estar preparado y de dejar atrás creencias obsoletas antes de abrazar nuevos conocimientos.

-

6. ¿Cuál es el significado de la transformación de Dantés en el Conde de Montecristo?

- **Respuesta:** Esta transformación significa el paso de una existencia ordinaria a un estado de conciencia superior y autorrealización. Ilustra la idea de que cuando uno despierta a su verdadera identidad (conciencia de ser), trasciende sus limitaciones anteriores y encarna un yo más poderoso y divino.

-

7. ¿Cómo puede la metáfora de ser "cosido en una bolsa" relacionarse con el sacrificio personal y el renacimiento?

- **Respuesta:** Estar cosido en la bolsa simboliza la necesidad de transformación que a menudo requiere abandonar la identidad anterior y soportar una incomodidad temporal. Este acto de sacrificio conduce al renacimiento, en paralelo con el tema de desprenderse de viejas creencias para abrazar un estado de conciencia superior.

-

8. ¿Qué quiere decir Goddard al afirmar que el flujo de sangre y agua simboliza el nacimiento de una conciencia superior?

- **Respuesta:** El flujo de sangre y agua representa la naturaleza dual de la vida: física y espiritual. Así como el nacimiento físico implica estos elementos, el nacimiento de una conciencia superior es un proceso transformador que significa el surgimiento de un estado de ser más iluminado.

-

9. ¿Cómo se relaciona el concepto de "YO SOY la luz del mundo" con el empoderamiento personal?

- **Respuesta:** Esta afirmación resume la idea de que cada individuo posee una divinidad y un potencial inherentes. Al afirmar la identidad del "YO SOY", uno afirma su poder para crear y manifestar su realidad, reconociendo que la verdadera fuerza e iluminación provienen del interior.

-

10. ¿Cuál es el mensaje general del capítulo respecto a la conciencia y la manifestación?

- **Respuesta:** El capítulo enfatiza que la conciencia es la clave para liberar el potencial propio y manifestar los deseos. Al comprender que la conciencia es la fuente de la creación, las personas pueden trascender las limitaciones, abrazar su verdadera naturaleza y lograr una transformación profunda en sus vidas.

CAPÍTULO VEINTICINCO
SALMO VIGÉSIMO TERCERO

I

El Señor es mi pastor; nada me faltará.

II

En lugares de verdes pastos me hará descansar.

III

Junto a aguas de reposo me pastoreará.

COMENTARIO

I

Mi conciencia es mi Señor y mi Pastor. Lo que soy consciente de ser son las ovejas que me siguen. Mi conciencia de ser es tan buen pastor que nunca ha perdido una oveja o cosa que soy consciente de ser.

Mi conciencia es una voz que llama en el desierto de la confusión humana; llama a todo lo que YO SOY consciente de ser a que me siga. Mis ovejas conocen tan bien mi voz que nunca han dejado de responder a mi llamado; y no llegará un momento en que aquello que estoy convencido de que YO SOY deje de encontrarme.

YO SOY una puerta abierta para que entre todo lo que YO SOY. Mi conciencia de ser es Señor y Pastor de mi vida. Ahora sé que nunca necesitaré pruebas ni me faltarán las evidencias de lo que soy consciente de ser. Sabiendo esto, tomaré conciencia de ser grande, amoroso, rico, saludable y de todos los demás atributos que admiro.

II

Mi conciencia de ser magnifica todo lo que soy consciente de ser, de modo que siempre hay una abundancia de aquello de lo que soy consciente de ser. No importa lo que el hombre sea consciente de ser, lo encontrará eternamente brotando en su mundo. La medida del Señor (la concepción que el hombre tiene de sí mismo) siempre está apretada, agitada y rebosando.

III

No hay necesidad de luchar por aquello que soy consciente de ser, porque todo aquello que soy consciente de ser será conducido hacia mí tan fácilmente como un pastor conduce su rebaño hacia las tranquilas aguas de un manantial tranquilo.

IV

Él restaura mi alma; me guía por sendas de justicia por amor de su nombre.

V

Aunque ande en valle de sombra de muerte, No temeré mal alguno, porque tú estarás conmigo; Tu vara y tu cayado me infundirán aliento.

VI

Aderezas mesa delante de mí en presencia de mis angustiadores; unges mi cabeza con aceite; mi copa está rebosando.

VII

Ciertamente el bien y la misericordia me seguirán todos los días de mi vida, Y en la casa de Jehová moraré por largos días.

COMENTARIO

IV

Ahora que mi memoria ha sido restaurada, de modo que sé que YO SOY el Señor y que no hay Dios fuera de mí, mi reino ha sido restaurado. Mi reino, que se desmembró el día en que creí en poderes ajenos a mí, ahora está completamente restaurado.

Ahora que sé que mi conciencia de ser es Dios, haré el uso correcto de este conocimiento tomando conciencia de ser aquello que deseo ser.

V

Sí, aunque camine entre la confusión y las opiniones cambiantes de los hombres, no temeré ningún mal, porque he descubierto que la conciencia es lo que crea la confusión. Habiéndola restaurado en mi propio caso a su lugar y dignidad correctos, a pesar de la confusión, plasmaré en imagen lo que ahora soy consciente de ser. Y la confusión misma reflejará y reflejará mi propia dignidad.

VI

Frente a la aparente oposición y conflicto, tendré éxito, porque continuaré expresando la abundancia que ahora soy consciente de ser.

Mi cabeza (conciencia) seguirá rebosando de la alegría de ser Dios.

VII

Porque ahora tengo conciencia de ser bueno y misericordioso, los signos de bondad y misericordia se ven obligados a seguirme todos los días de mi vida, porque seguiré habitando en la casa (o conciencia) de ser Dios (bueno) para siempre.

PREGUNTAS Y RESPUESTAS DE REFLEXIÓN

1. ¿Cómo reinterpreta Goddard la metáfora del pastor en el contexto de la conciencia?

- **Respuesta:** Goddard considera la conciencia como el pastor, y enfatiza que la conciencia guía y nutre la realidad que experimentamos. Así como un pastor cuida de sus ovejas, la conciencia se ocupa de lo que somos conscientes de ser, asegurándonos de que nunca nos falte lo que deseamos.

-

2. ¿Qué significa "ser consciente de ser" según este capítulo?

- **Respuesta:** Ser "consciente de ser" se refiere al reconocimiento y aceptación de la propia identidad y potencialidad reales. Implica afirmar los atributos y experiencias deseados, lo que lleva a su manifestación en el mundo externo.

-

3. ¿De qué manera se relaciona el concepto de abundancia con la conciencia?

- **Respuesta:** Goddard sugiere que la conciencia misma crea abundancia. Cuando uno es consciente de ser abundante, esa abundancia fluye naturalmente hacia su vida, lo que refleja la idea de que la autopercepción de uno mismo moldea su realidad externa.

-

4. ¿Cómo se puede aplicar la frase "no temeré mal alguno" a los desafíos cotidianos?

- **Respuesta:** Esta frase refleja la idea de que, a pesar del caos externo o la negatividad, uno puede mantener la paz interior y la confianza al reconocer que su conciencia tiene poder sobre las amenazas percibidas. Entender que uno es la fuente de su realidad le permite afrontar los desafíos sin miedo.

-

5. ¿Qué significa cuando Goddard habla de restaurar el alma y el reino?

- **Respuesta:** Restaurar el alma y el reino significa recuperar la identidad y el poder verdaderos al reconocerse a uno mismo como la fuente de toda la creación. Destaca el viaje desde la pérdida de poder (a través de la creencia en fuerzas externas) hasta la autoconciencia y la comprensión de que la propia conciencia da forma a la propia vida.

-

6. ¿Cómo se relaciona la interpretación de Goddard del "valle de sombra de muerte" con las luchas personales?

- **Respuesta:** El "valle de sombra de muerte" simboliza las dificultades y los temores que uno enfrenta en la vida. Goddard enfatiza que estas luchas son meras ilusiones creadas por la mente y que al comprender y afirmar la naturaleza verdadera de uno, uno puede superarlas sin sucumbir al miedo.

7. ¿Qué papel juega la conciencia en el logro del éxito en medio de la oposición?

- **Respuesta:** La conciencia es la base del éxito. Si se mantiene una firme creencia en los resultados deseados, las personas pueden sortear la oposición y los conflictos y, en última instancia, manifestar sus aspiraciones independientemente de los desafíos externos.

-

8. ¿Cómo se puede cultivar una mentalidad de bondad y misericordia en la vida diaria?

- **Respuesta:** Cultivar una mentalidad de bondad y misericordia implica encarnar conscientemente estas cualidades. Al afirmar e identificarse con el bien y la misericordia, las personas atraen experiencias que reflejan estos valores en sus vidas, lo que refuerza la idea de que la conciencia de uno moldea la realidad.

-

9. ¿De qué maneras se puede entender "la casa del Señor" en términos de conciencia personal?

- **Respuesta:** "La casa del Señor" puede interpretarse como el estado interior de conciencia de la persona. Representa un santuario donde uno reconoce su naturaleza divina y se conecta con las cualidades de la bondad y la abundancia, proporcionando una base estable para la manifestación de los deseos.

-

10. ¿Cómo influye el tema de la unidad con Dios en la experiencia de vida?

- **Respuesta:** El tema de la unidad con Dios sugiere que reconocerse a uno mismo como una extensión de la conciencia divina transforma la perspectiva de uno. Esta comprensión fomenta el empoderamiento, la resiliencia y un sentido de interconexión, lo que permite a las personas transitar la vida con confianza y gracia.

CAPÍTULO VEINTISÉIS

GETSEMANÍ

Entonces llegó Jesús con ellos a un lugar llamado Getsemaní, y dijo a sus discípulos: Sentaos aquí, mientras yo voy allí y oro.
Mateo 26:36

En la historia de Jesús en el Huerto de Getsemaní se cuenta un romance místico maravilloso, pero el hombre no ha logrado ver la luz de su simbolismo y ha interpretado erróneamente esta unión mística como una experiencia agonizante en la que Jesús suplicó en vano a su Padre que cambiara su destino.

Getsemaní es para el místico el Jardín de la Creación, el lugar de la conciencia a donde el hombre va para realizar sus objetivos definidos. Getsemaní es una palabra compuesta que significa exprimir una sustancia aceitosa: Geth, exprimir, y Shemen, una sustancia aceitosa. La historia de Getsemaní revela al místico en simbolismo dramático el acto de la creación. Así como el hombre contiene dentro de sí una sustancia aceitosa que, en el acto de la creación, se exprime hasta convertirse en una semejanza de sí mismo, también tiene dentro de sí un principio divino (su conciencia) que se condiciona a sí mismo como un estado de conciencia y sin ayuda se exprime u objetiva a sí mismo.

Un jardín es una parcela de tierra cultivada, un campo especialmente preparado, donde se plantan y cultivan semillas elegidas por el propio jardinero. Getsemaní es un jardín de este tipo, el lugar de la conciencia a donde el místico va con sus objetivos bien definidos. En este jardín se entra cuando el hombre aparta su atención del mundo que lo rodea y la centra en sus objetivos.

Los deseos clarificados del hombre son semillas que contienen el poder y los planes de la autoexpresión y, al igual que las semillas que están dentro del hombre, también están enterradas dentro de una sustancia aceitosa (una actitud mental alegre y agradecida). Cuando el hombre contempla ser y poseer aquello que desea ser y poseer, ha comenzado el proceso de exprimir o el acto espiritual de la creación. Estas semillas se exprimen y se plantan cuando el hombre se pierde en un estado salvaje y loco de alegría, sintiendo y afirmando conscientemente que es aquello que anteriormente deseaba ser.

Los deseos expresados o forzados a expresarse tienen como resultado la desaparición de ese deseo en particular. El hombre no puede poseer una cosa y desear poseerla al mismo tiempo. De modo que, cuando uno se apropia conscientemente del sentimiento de ser la cosa deseada, ese deseo de ser la cosa desaparece, se realiza. La actitud receptiva de la mente, sintiendo y recibiendo la impresión de ser la cosa deseada, es el terreno fértil o matriz que recibe la semilla (objetivo definido).

La semilla que se extrae de un hombre crece hasta alcanzar la semejanza del hombre del que se extrajo. Del mismo modo, la semilla mística, tu afirmación consciente de que eres aquello que hasta ahora deseabas ser, crecerá hasta alcanzar la semejanza de ti, de quien y en quien se extrae. Sí, Getsemaní es el jardín cultivado del romance, donde el hombre disciplinado va a extraer semillas de alegría (deseos definidos) de sí mismo y colocarlas en su actitud mental receptiva, para cuidarlas y nutrirlas allí caminando conscientemente en la alegría de ser todo lo que antes deseaba ser.

Siente con el Gran Jardinero la secreta emoción de saber que las cosas y cualidades que ahora no se ven se verán tan pronto como estas impresiones conscientes crezcan y maduren. Tu conciencia es señor y esposo; el estado consciente en el que moras es esposa o amada. Este estado hecho visible es tu hijo dando testimonio de ti, su padre y madre, porque tu mundo visible está hecho a imagen y semejanza del estado de conciencia en el que vives; tu mundo y la plenitud del mismo no son nada más ni menos que tu conciencia definida objetivada.

Sabiendo que esto es verdad, esfuérzate en elegir bien a la madre de tus hijos, ese estado consciente en el que vives, tu concepción de ti mismo. El hombre sabio elige a su esposa con gran discreción. Se da cuenta de que sus hijos deben heredar las cualidades de sus padres y, por lo tanto, dedica mucho tiempo y cuidado a la selección de su madre. El místico sabe que el estado consciente en el que vive es la elección que ha hecho de una esposa, la madre de sus hijos, que este estado debe encarnarse con el tiempo en su mundo; por lo tanto, siempre es selectivo en su elección y siempre afirma ser su ideal más alto. Se define conscientemente como aquello que desea ser.

Cuando el hombre se da cuenta de que el estado consciente en el que vive es la elección que ha hecho de su pareja, será más cuidadoso con sus estados de ánimo y sentimientos. No se permitirá reaccionar a las sugerencias de miedo, carencia o cualquier impresión indeseable. Tales sugerencias de carencia nunca podrían pasar desapercibidas para la mente disciplinada del místico, porque sabe que cada exigencia consciente debe, con el tiempo, expresarse como una condición de su mundo, de su entorno. De modo que permanece fiel a su amada, a su objetivo definido, definiendo, afirmando y sintiendo que es lo que desea expresar. Que un hombre se pregunte si su objetivo definido sería algo de alegría y belleza si se hiciera realidad. Si su respuesta es afirmativa, entonces podrá saber que su elección de esposa es una princesa de Israel, una hija de Judá, porque todo objetivo definido que expresa alegría cuando se hace realidad es una hija de Judá, el rey de la alabanza.

Jesús llevó consigo a su hora de oración a sus discípulos, o a sus disciplinados atributos mentales, y les ordenó que velaran mientras Él oraba, para que ningún pensamiento o creencia que negara la realización de su deseo pudiera entrar en su conciencia. Sigamos el ejemplo de Jesús, quien, con sus deseos claramente definidos, entró en el Huerto de Getsemaní (el estado de alegría) acompañado por sus discípulos (su mente disciplinada) para perderse en un gozo salvaje de realización. La fijación de su atención en su objetivo fue la orden que dio a su mente disciplinada de que velara y permaneciera fiel a esa fijación. Contemplando el gozo que sería Suyo al realizar su deseo, comenzó el acto espiritual de generación, el acto de exprimir la semilla mística: su deseo definido. En esta fijación permaneció, pretendiendo y sintiéndose ser aquello que Él (antes de entrar en Getsemaní) deseaba ser, hasta que todo Su ser (conciencia) estuvo bañado en un sudor aceitoso (gozo) semejante a la sangre (vida), en resumen, hasta que toda Su conciencia estuvo impregnada del gozo vivo y sostenido de ser Su objetivo definido.

Cuando se logra esta fijación, de modo que el místico sabe por su sentimiento de alegría que ha pasado de su estado consciente anterior a su estado consciente actual, se alcanza la pascua o crucifixión. A esta crucifixión o fijación de la nueva reivindicación consciente le sigue el sabbat, un tiempo de descanso. Siempre hay un intervalo de tiempo entre la impresión y su expresión, entre la reivindicación consciente y su encarnación. Este intervalo se llama sabbat, el período de descanso o de no esfuerzo (el día del entierro).

Caminar inmóvil en la conciencia de ser o poseer un cierto estado es guardar el Sabbath. La historia de la crucifixión expresa hermosamente esta quietud o descanso místico. Se nos dice que después de que Jesús exclamó: "¡Consumado es!", fue colocado en una tumba, donde permaneció durante todo el Sabbath. Cuando te apropias del nuevo estado o conciencia, de modo que te sientes, por esta apropiación, fijo y seguro en el conocimiento de que está terminado, entonces tú también exclamarás: "¡Consumado es!" y entrarás en la tumba o Sabbath, un intervalo de tiempo en el que caminarás inmóvil en la convicción de que tu nueva conciencia debe resucitar (hacerse visible).

La Pascua, el día de la resurrección, cae el primer domingo después de la luna llena en Aries. La razón mística de esto es sencilla: una zona definida no se precipitará en forma de lluvia hasta que dicha zona alcance el punto de saturación; de la misma manera, el estado en el que moras no se expresará hasta que el conjunto esté impregnado de la conciencia de que es así: está terminado.

Tu objetivo definido es el estado imaginario, así como el ecuador es la línea imaginaria por la que debe pasar el sol para marcar el comienzo de la primavera. Este estado, como la luna, no tiene luz ni vida por sí mismo, sino que reflejará la luz de la conciencia o del sol: "Yo soy la luz del mundo, yo soy la resurrección y la vida".

Así como la Pascua está determinada por la luna llena en Aries, también la resurrección de su reclamo consciente está determinada por la plena conciencia de su reclamo, al vivir realmente como esta nueva concepción. La mayoría de los hombres no logran resucitar sus objetivos porque no permanecen fieles a su estado recientemente definido hasta que se alcanza esta plenitud. Si el hombre tuviera en cuenta el hecho de que no puede haber Pascua ni día de resurrección hasta después de la luna llena, se daría cuenta de que el estado al que ha pasado conscientemente se expresará o resucitará solo después de que haya permanecido dentro del estado de ser su objetivo definido. Hasta que todo su ser se estremezca con el sentimiento de ser realmente su reclamo consciente, al vivir conscientemente en este estado de serlo, y solo de esta manera, el hombre resucitará o realizará su deseo.

PREGUNTAS Y RESPUESTAS DE REFLEXIÓN

1. ¿Cómo redefine Goddard el significado de Getsemaní en el contexto de la creación?

- **Respuesta:** Goddard interpreta Getsemaní como el "Jardín de la Creación", un lugar de conciencia donde uno realiza y hace realidad sus objetivos definidos. Simboliza el proceso de hacer realidad los propios deseos, en lugar de representar simplemente un momento de angustia.

-

2. ¿Cuál es el simbolismo detrás de los términos " Geth " y " Shemen "?

- **Respuesta:** " Geth " significa "exprimir" y " Shemen " significa "sustancia aceitosa". Juntos, simbolizan el proceso de creación: expulsar los deseos de uno mismo desde el interior y transformarlos en experiencias tangibles a través de la conciencia.

-

3. ¿Cómo podemos cultivar nuestro "Huerto de Getsemaní" en la vida diaria?

- **Respuesta:** Para cultivar el propio Huerto de Getsemaní, el individuo debe centrar su atención en sus deseos, alimentándolos conscientemente con una actitud alegre y agradecida. Esto implica entrar en un estado de sentimiento y reclamar los propios deseos como ya realizados.

-

4. ¿Qué significa "exprimir" los propios deseos y por qué es importante?

- **Respuesta:** Expresar los propios deseos se refiere al acto de encarnar plenamente el sentimiento de ser lo que uno desea ser. Esto es importante porque cambia la conciencia de uno, permitiendo que el deseo se manifieste en el mundo físico una vez que se cumplen las condiciones mentales y emocionales adecuadas.

-

5. ¿Cómo incide la relación entre la conciencia y los objetivos definidos en la manifestación?

- **Respuesta:** La conciencia moldea directamente la realización de los objetivos definidos. Cuando la conciencia de una persona se alinea con sus deseos, crea un terreno fértil para que esos deseos se manifiesten. Por el contrario, los sentimientos conflictivos o las dudas pueden obstaculizar este proceso.

-

6. ¿Qué papel juegan los "atributos discipulados de la mente" (los discípulos) en el proceso de creación?

- **Respuesta:** Los discípulos representan los atributos disciplinados de la mente que apoyan el enfoque en los propios deseos. Al mantener la mente atenta y alineada con el estado deseado, estos atributos ayudan a protegerse contra los pensamientos negativos que podrían interrumpir el proceso de manifestación.

-

7. ¿Cómo se relaciona la metáfora del sábado con el proceso de manifestación?

- **Respuesta:** El Shabat representa un período de descanso y de no esfuerzo posterior a la fijación de una nueva conciencia. Significa el tiempo que transcurre entre la fijación de una intención y su eventual realización, en el que uno debe permanecer firme en su convicción de que sus deseos se manifestarán.

-

8. ¿Cuál es el significado de la "luna llena en Aries" en relación con la resurrección y la manifestación?

- **Respuesta:** La "luna llena en Aries" simboliza el punto en el que los objetivos definidos alcanzan la saturación total de la conciencia. Así como la luna refleja la luz del sol, un deseo se manifestará una vez que la conciencia que lo rodea esté completamente iluminada e impregnada de creencia.

-

9. ¿De qué manera pueden los individuos asegurarse de que viven en la conciencia de sus deseos?

- **Respuesta:** Las personas pueden asegurarse de vivir en la conciencia de sus deseos afirmando regularmente su nueva identidad, participando en prácticas de visualización y sumergiéndose en sentimientos de alegría y gratitud asociados con sus objetivos.

-

10. ¿Cómo se puede aplicar el concepto "consumado es" al logro de metas personales?

- **Respuesta:** La frase "consumado es" significa la culminación de la manifestación de un deseo en la conciencia. Al encarnar plenamente el sentimiento de haber alcanzado una meta, uno se alinea con la realidad de ese logro, creando las condiciones necesarias para su manifestación física.

CAPÍTULO VEINTISIETE

UNA FÓRMULA PARA LA VICTORIA

**Yo os he entregado todo lugar que pise la planta de vuestro pie.
JOSUÉ 1:3**

La mayoría de la gente conoce la historia de la toma de la ciudad de Jericó por parte de Josué. Lo que no saben es que esta historia es la fórmula perfecta para la victoria, en cualquier circunstancia y contra todo pronóstico.

Se dice que Josué estaba armado únicamente con el conocimiento de que todo lugar que pisara la planta de su pie le sería dado; que deseaba capturar o pisar la ciudad de Jericó, pero que los muros que lo separaban de ella eran infranqueables. Parecía físicamente imposible para Josué traspasar esos enormes muros y pararse sobre la ciudad de Jericó. Sin embargo, lo impulsaba el conocimiento de la promesa de que, independientemente de las barreras y obstáculos que lo separaran de sus deseos, si tan solo podía pararse sobre la ciudad, esta le sería dada.

El libro de Josué registra además que en lugar de luchar contra este gigantesco problema de la muralla, Josué empleó los servicios de la ramera, Rahab, y la envió como espía a la ciudad. Cuando Rahab entró en su casa, que estaba en medio de la ciudad, Josué, que estaba firmemente bloqueado por las infranqueables murallas de Jericó, tocó su trompeta siete veces. Al séptimo toque, las murallas se derrumbaron y Josué entró en la ciudad victorioso.

Para los no iniciados, esta historia carece de sentido. Para quien la ve como un drama psicológico, más que como un relato histórico, resulta sumamente reveladora.

Si siguiéramos el ejemplo de Josué, nuestra victoria sería igualmente sencilla. Josué simboliza para ti, lector, tu estado actual; la ciudad de Jericó simboliza tu deseo u objetivo definido. Los muros de Jericó simbolizan los obstáculos que hay entre tú y la realización de tus objetivos. El pie simboliza el entendimiento; colocar la planta del pie sobre un lugar definido indica fijar un estado psicológico definido. Rahab, la espía, es tu capacidad de viajar en secreto o psicológicamente a cualquier lugar del espacio. La conciencia no conoce fronteras. Nadie puede impedirte que habites psicológicamente en cualquier punto o en cualquier estado del tiempo o del espacio.

Independientemente de las barreras físicas que te separan de tu objetivo, puedes, sin esfuerzo ni ayuda de nadie, aniquilar el tiempo, el espacio y las barreras. De este modo, puedes morar, psicológicamente, en el estado deseado. Así, aunque no puedas pisar físicamente un estado o ciudad, siempre puedes pisar psicológicamente cualquier estado deseado. Con pisar psicológicamente quiero decir que ahora, en este momento, puedes cerrar los ojos y, después de visualizar o imaginar un lugar o estado distinto del tuyo actual, SENTIR realmente que estás en ese lugar o estado. Puedes sentir que esta condición es tan real que, al abrir los ojos, te asombra descubrir que no estás físicamente allí.

Como sabéis, una ramera da a todos los hombres lo que le piden. Rahab, la ramera, simboliza vuestra infinita capacidad de asumir psicológicamente cualquier estado deseable sin cuestionaros si estáis o no física o moralmente preparados para ello. Podéis hoy conquistar la ciudad moderna de Jericó o vuestro objetivo definido si recreáis psicológicamente esta historia de Josué; pero para conquistar la ciudad y hacer realidad vuestros deseos debéis seguir cuidadosamente la fórmula de la victoria que se expone en este libro de Josué.

Ésta es la aplicación de esta fórmula victoriosa tal como la revela hoy un místico moderno:

Primero: define tu objetivo (no la manera de conseguirlo), sino tu objetivo, puro y simple; conoce exactamente lo que deseas para que tengas una imagen mental clara de ello. Segundo: aparta tu atención de los obstáculos que te separan de tu objetivo y coloca tu pensamiento en el objetivo mismo. Tercero: cierra los ojos y SIENTE que ya estás en la ciudad o el estado que quieres conquistar. Permanece en este estado psicológico hasta que obtengas una reacción consciente de completa satisfacción por esta victoria. Luego, simplemente abriendo los ojos, regresa a tu estado consciente anterior.

Este viaje secreto hacia el estado deseado, con su consiguiente reacción psicológica de completa satisfacción, es todo lo que se necesita para lograr la victoria total. Este estado psíquico victorioso se encarnará a pesar de toda oposición. Tiene el plan y el poder de la autoexpresión. De ahora en adelante, siga el ejemplo de Josué, quien, después de morar psicológicamente en el estado deseado hasta recibir una reacción consciente completa de victoria, no hizo nada más para lograr esta victoria que tocar siete veces su trompeta.

El séptimo toque simboliza el séptimo día, un tiempo de quietud o de descanso, el intervalo entre los estados subjetivo y objetivo, un período de embarazo o de alegre expectativa. Esta quietud no es la quietud del cuerpo sino más bien la quietud de la mente, una pasividad perfecta que no es indolencia sino una quietud viva nacida de la confianza en esta ley inmutable de la conciencia.

Quienes no conocen esta ley o fórmula de la victoria, al intentar aquietar su mente, sólo consiguen adquirir una tensión tranquila que no es más que ansiedad comprimida. Pero tú, que conoces esta ley, descubrirás que, después de haber alcanzado el estado psicológico que tendrías si ya estuvieras victorioso y realmente atrincherado en esa ciudad, avanzarás hacia la realización física de tus deseos. Lo harás sin dudar ni tener miedo, en un estado mental fijado en el conocimiento de una victoria preestablecida.

No tendrás miedo del enemigo porque el resultado ha sido determinado por el estado psicológico que precedió a la ofensiva física; y todas las fuerzas del cielo y de la tierra no pueden detener el cumplimiento victorioso de ese estado.

Permanezca quieto en el estado psicológico definido como su objetivo hasta que sienta la emoción de la Victoria. Luego, con la confianza que nace del conocimiento de esta ley, observe la realización física de su objetivo.

Ponte en posición, quédate quieto y observa el salvación de la Ley con vosotros.

PREGUNTAS Y RESPUESTAS DE REFLEXIÓN

1. ¿Qué simboliza la historia de Josué en el contexto de los deseos y obstáculos personales?

- **Respuesta:** Josué simboliza el estado actual del individuo, mientras que la ciudad de Jericó representa sus deseos u objetivos definidos. Los muros simbolizan los obstáculos y desafíos que pueden parecer insuperables pero que pueden superarse mediante la comprensión psicológica y la creencia.

-

2. ¿Cómo se relaciona el acto de "pisar" con el concepto de fijar un estado psicológico?

- **Respuesta:** Pisar significa establecer una postura mental y emocional firme sobre los propios deseos. Al colocar la "planta del pie" sobre un objetivo definido, te anclas mentalmente en ese estado, alineando tu conciencia con la realidad que deseas crear.

-

3. ¿Qué papel juega Rahab, la ramera, en el proceso de lograr los deseos de uno?

- **Respuesta:** Rahab simboliza la capacidad de explorar psicológicamente y asumir cualquier estado deseado sin juzgar. Representa la capacidad infinita de abrazar y manifestar deseos, independientemente de la situación actual o las limitaciones percibidas.

-

4. ¿Cuál es el significado de los tres pasos en la fórmula de la victoria?

- **Respuesta:** Los tres pasos enfatizan la claridad del deseo, el enfoque en el objetivo en lugar de en los obstáculos y la necesidad de sumergirse emocionalmente en el sentimiento de haber alcanzado ya el objetivo. Este proceso crea una base psicológica sólida para la manifestación.

-

5. ¿Cómo se puede garantizar que uno permanezca centrado en sus objetivos a pesar de los desafíos externos?

- **Respuesta:** Se puede garantizar la concentración redirigiendo conscientemente la atención de los obstáculos al resultado deseado. Practicar la visualización y encarnar los sentimientos asociados con el éxito ayuda a mantener una mentalidad clara y positiva, minimizando las distracciones de las circunstancias externas.

-

6. ¿Por qué la reacción psicológica de "satisfacción completa" es crucial en esta fórmula?

- **Respuesta:** La satisfacción total significa que has encarnado plenamente el estado deseado. Esta sensación actúa como una confirmación de que estás alineado con tu objetivo, creando una potente fuerza magnética que atrae tu realidad física hacia la alineación con tus deseos.

-

7. ¿Qué simboliza el séptimo toque en el contexto de la manifestación?

- **Respuesta:** El séptimo toque representa un período de quietud y descanso posterior al compromiso psicológico con el propio deseo. Significa un estado de alegre expectativa y confianza en que lo que se ha reclamado en la conciencia se manifestará en la realidad física.

-

8. ¿En qué se diferencia el concepto de "quietud" del de simplemente aquietar la mente?

- **Respuesta:** La quietud verdadera es un estado activo y dinámico de confianza en el proceso de manifestación, en contraposición a la simple quietud mental, que a menudo puede generar tensión o ansiedad. Implica una profunda sensación de paz y seguridad de que el resultado deseado ya se ha logrado.

-

9. ¿Cómo la comprensión de la ley de la conciencia empodera a los individuos en la búsqueda de sus metas?

- **Respuesta:** Comprender esta ley fortalece a las personas al brindarles un marco claro para lograr sus deseos. Refuerza la idea de que la realidad está determinada por la conciencia y la creencia, lo que permite a las personas abordar sus metas con confianza, libres de miedo o dudas.

-

10. ¿Qué pasos prácticos se pueden dar para encarnar el estado psicológico de la victoria?

- **Respuesta:** Las personas pueden practicar la visualización, las afirmaciones y sumergirse en las emociones asociadas con sus éxitos. Reflexionar regularmente sobre sus logros y sentirse agradecidos por ellos también ayuda a consolidar este estado victorioso en la conciencia.

TEMAS CLAVE

EL PODER DE LA CONCIENCIA

Según las enseñanzas de Neville Goddard en Tu fe es tu fortuna, uno de los temas principales es el poder transformador de la conciencia y la creencia en la configuración de la realidad de un individuo. Neville subraya que el concepto de "YO SOY" representa la fuente de toda creación. Afirma que alineándose con los estados deseados del ser, una persona puede manifestar esos deseos en la existencia física.

En el marco de Neville, la conciencia no es un estado pasivo, sino una fuerza divina activa que gobierna la manifestación de todas las circunstancias de la vida. Equipara la conciencia directamente con Dios, proponiendo que lo divino no es una entidad externa, sino la propia conciencia que poseen los individuos. Esta conciencia -que uno identifica como "YO SOY"- se convierte en la creadora de todas las experiencias y condiciones de la vida de una persona. Por lo tanto, al tomar conciencia de ciertas cualidades o estados, y afirmar "YO SOY" seguido de ese estado (como "YO SOY sano" o "YO SOY exitoso"), los individuos esencialmente decretan su propia realidad.

El punto de vista de Neville desafía las nociones tradicionales de un Dios fuera de uno mismo, en su lugar, posiciona la conciencia humana como la fuerza creativa detrás de todo lo que existe. De este modo, la vida no es algo que le sucede a un individuo, sino algo que uno moldea activamente a través de sus propias creencias y conciencia del ser. El poder de la conciencia, como enseña Goddard, reside en su capacidad para definir la realidad, demostrando que el estado mental interno y las creencias de cada uno son los que dan forma a su mundo externo.

\-

LA FE COMO FUERZA CREADORA

Según las enseñanzas de Neville Goddard en Tu fe es tu fortuna, la fe se presenta como una fuerza dinámica y creativa que influye directamente en lo que se manifiesta en la vida de una persona. Neville presenta la fe no como una creencia pasiva en deidades externas o poderes superiores, sino como una confianza activa y personal en la propia capacidad de crear la realidad a través del pensamiento y la conciencia.

En el marco de Neville, la fe está profundamente ligada a la conciencia interior del individuo, específicamente a su creencia en su propia capacidad para dar forma a sus experiencias. En lugar de confiar en fuerzas externas, Neville enfatiza que esta fe proviene del interior, arraigada en la comprensión de que cada persona posee el poder creativo para manifestar sus deseos. La fe, en este contexto, es la certeza de que cualquier cosa que uno mantenga en su conciencia, ya sea positiva o negativa, inevitablemente se hará realidad.

Neville afirma que esta fuerza creativa está siempre en acción. Tanto si una persona es consciente de ello como si no, sus creencias y sentimientos internos están continuamente dando forma a su mundo externo. Por lo tanto, la fe, tal y como la describe Neville, implica cultivar una profunda confianza en la propia mente y en el poder del pensamiento para obtener los resultados deseados. Es esta creencia inquebrantable en el propio potencial creativo la que actúa como fuerza motriz de todas las manifestaciones. Cuanto mayor sea la fe que uno tenga en su capacidad de crear, más alineado estará con la realidad que quiere experimentar. Desde esta perspectiva, Neville replantea la fe como una herramienta de transformación muy personal y poderosa.

-

INTERPRETACIÓN PSICOLÓGICA DE LAS ESCRITURAS

Según las enseñanzas de Neville Goddard en Tu fe es tu fortuna, la Biblia no debe interpretarse como un relato literal o histórico, sino como un profundo drama psicológico. En su opinión, las historias, personajes y acontecimientos descritos en la Biblia simbolizan diferentes estados de la conciencia humana. Afirma que entender la Biblia a través de este prisma permite desentrañar sus profundos significados espirituales y psicológicos.

Neville reinterpreta las figuras clave de la Biblia, como Abraham, Moisés, Jesús y otros, no como personajes históricos que vivieron en el pasado, sino como personificaciones de estados específicos de la mente y la conciencia que toda persona experimenta. Por ejemplo, el "YO SOY", que se utiliza repetidamente a lo largo de las Escrituras para referirse a Dios, se considera una representación directa de la conciencia que un individuo tiene de su propio ser. En otras palabras, "YO SOY" no es una deidad externa o un Dios separado, sino el sentido interno de cada persona de sí misma y de su existencia.

A través de esta lente psicológica, las diversas narraciones bíblicas se consideran expresiones simbólicas del viaje espiritual interno que experimentan los seres humanos. Cada relato refleja diferentes aspectos de la experiencia humana, desde momentos de duda y limitación hasta la realización del propio poder divino. Neville enseña que, al entender la Biblia como una guía simbólica de la conciencia, los individuos pueden aplicar sus enseñanzas para transformar sus propias vidas.

Esta interpretación psicológica desplaza el centro de atención de la adoración externa de figuras y acontecimientos a un viaje hacia el interior, donde el individuo reconoce que es el creador de su realidad. En opinión de Neville, la Biblia revela una verdad atemporal y universal: que la conciencia humana, representada como "YO SOY", es la fuente última de toda creación. Así, las historias son herramientas para comprender cómo opera la conciencia y cómo, a través de una profunda comprensión de la propia conciencia, las personas pueden alcanzar el dominio sobre su propia existencia.

-

MANIFESTACIÓN A TRAVÉS DE LA AUTOIDENTIFICACIÓN

Según las enseñanzas de Neville Goddard en Tu fe es tu fortuna, la manifestación se consigue a través del proceso de autoidentificación. Neville enseña que para provocar los cambios deseados en la vida, un individuo debe asumir la conciencia del estado que desea experimentar. Este concepto está arraigado en la idea de que lo que uno afirma o identifica como "YO SOY" se convertirá en su realidad. Por ejemplo, al afirmar "SOY rico" o "SOY sano", una persona alinea su conciencia con ese estado específico, atrayendo así las experiencias correspondientes a su vida.

Neville enfatiza que este proceso de transformación es completamente interno. El poder de manifestar yace dentro del individuo, en su propia conciencia y creencias, mas que en circunstancias o fuerzas externas. El enseña que el mundo exterior es simplemente un reflejo del estado interior del ser, y por lo tanto, para cambiar la vida de uno, uno debe primero cambiar su conciencia interior.

El acto de afirmar "YO SOY" seguido del estado deseado no es meramente una declaración verbal sino que implica sentir profundamente y creer que la condición deseada ya es una realidad. Neville sugiere que esta convicción interna, cuando se mantiene firme y consistente, hace que el mundo externo se alinee con el nuevo estado de conciencia. Este proceso de autoidentificación es fundamental en su filosofía de la manifestación.

Desde este punto de vista, las condiciones externas, los obstáculos o las circunstancias son secundarios frente al poder de la creencia interior. La clave de la transformación, según Neville, no está en luchar con el mundo exterior, sino en cambiar el sentido interno de uno mismo para alinearse con el resultado deseado. Al identificarse a uno mismo como alguien que ya es o tiene lo que se desea, el individuo pone en marcha el proceso de manifestación, demostrando que el verdadero cambio empieza desde dentro.

LEY DE LA SUPOSICIÓN

En Tu fe es tu fortuna, Neville Goddard introduce el concepto de la "Ley de la Suposición", que identifica como un principio clave que rige cómo se configura la realidad. Según esta ley, lo que un individuo asume como cierto en su conciencia acabará manifestándose en su mundo exterior. La ley se basa en la premisa de que las circunstancias externas no son aleatorias ni dictadas por fuerzas externas, sino que son un reflejo directo de las creencias y suposiciones internas del individuo.

Neville enseña que el poder de la suposición es una herramienta esencial para crear la realidad deseada. Explica que al asumir conscientemente un estado o condición particular - como la riqueza, la salud o el éxito - un individuo alinea su conciencia con ese estado, y a través del funcionamiento natural de esta ley, ese estado asumido eventualmente se materializará en su vida. Esto no sucede a través de ilusiones, sino a través de convicciones profundamente arraigadas que se alimentan y mantienen internamente.

La Ley de la Asunción opera automáticamente, tanto si uno es consciente de ello como si no. Neville enfatiza que tanto las suposiciones positivas como las negativas tienen el poder de moldear la realidad, por lo que urge a los individuos a ser conscientes de lo que constantemente asumen como cierto sobre sí mismos y sus vidas. Si alguien asume que tiene carencias o dificultades, esta creencia se reflejará en sus experiencias. Por el contrario, si uno asume un estado de abundancia o bienestar, esa suposición atraerá las condiciones correspondientes a su vida.

La ley se alinea estrechamente con la filosofía más amplia de Neville de que el mundo exterior no es más que un espejo del mundo interior. Neville subraya que las personas tienen un control total sobre sus suposiciones y que, al asumir la responsabilidad de estas creencias internas, pueden transformar sus circunstancias externas. La Ley de la Suposición, por lo tanto, pone el poder creativo directamente en manos del individuo, convirtiéndolo en el arquitecto de su propia realidad a través de los pensamientos y creencias que tiene como verdaderos.

-

SIN DIOSES NI MAESTROS EXTERNOS

En Tu fe es tu fortuna, Neville Goddard rechaza firmemente la creencia tradicional en dioses externos, salvadores o maestros ascendidos, promoviendo en su lugar la revolucionaria idea de que la divinidad reside dentro de cada individuo. Sostiene que el concepto de una deidad o maestro externo que controla o gobierna el destino de uno sólo sirve para disminuir el poder y la creatividad personales. Según Neville, depender de fuerzas o entidades externas debilita la capacidad de una persona para aprovechar su potencial creativo innato, ya que desvía la atención de la verdadera fuente de poder: la propia conciencia del individuo.

Neville subraya que cada persona es la creadora de su propia realidad, que posee en sí misma el mismo poder divino que tradicionalmente se atribuye a los dioses externos. Insiste en que los seres humanos no están a merced de deidades externas o salvadores que actúan en su nombre, sino que son, de hecho, los dueños de su propio destino a través de su conciencia y sus creencias. Al reconocer que el "YO SOY" -el sentido de la autoconciencia- es la fuerza divina interior, los individuos pueden asumir la plena responsabilidad de las circunstancias y los resultados de su vida.

En las enseñanzas de Neville, el concepto de adoración externa es visto como una forma de autolimitación. Al creer en un poder externo a ellos, los individuos renuncian involuntariamente a su autoridad creativa, dejándolos dependientes de fuerzas que escapan a su control. En lugar de ello, Neville insta a las personas a reconocer que su propia conciencia del ser es el verdadero Dios y, a través de esta comprensión, pueden dar forma y controlar su mundo.

Esta perspectiva empodera a los individuos al enseñarles que no son receptores pasivos de la vida, sino creadores activos. Cuanto más crea y reconozca su divinidad interior, más capaz será de manifestar sus deseos y transformar su vida. Así, el rechazo de Neville a los dioses y maestros externos es una llamada a la autorrealización, animando a los individuos a abrazar su poder inherente para crear y dar forma a su propia realidad a través del pensamiento consciente y la autoidentificación.

-

SIMBOLISMO DE LA CRUCIFIXIÓN Y LA RESURRECCIÓN

En Tu fe es tu fortuna, Neville Goddard presenta la crucifixión y la resurrección no como acontecimientos históricos literales, sino como poderosas metáforas de transformación psicológica. Según Neville, la "crucifixión" simboliza el proceso de soltar o dejar ir un viejo concepto de uno mismo que ya no sirve al individuo. Se trata de un paso esencial en el crecimiento personal, ya que aferrarse a creencias obsoletas sobre uno mismo puede impedir la realización de nuevos deseos y estados del ser. La crucifixión, en este sentido, es un acto consciente de muerte al viejo yo, que permite que se produzca la transformación.

La "resurrección", tal y como la describe Neville, es el renacimiento o la aparición de una nueva identidad propia que esté en consonancia con los deseos y aspiraciones de cada uno. Esta resurrección no tiene que ver con la muerte física y el renacimiento, sino con un cambio de conciencia. Cuando un individuo crucifica sus antiguas creencias y suposiciones -ya sean sobre limitaciones, miedos o fracasos- crea espacio para el nacimiento de una nueva conciencia del ser. Esta nueva conciencia, o resurrección, encarna las cualidades o estados que desean experimentar, como el éxito, la salud o la abundancia.

La interpretación de Neville de la crucifixión y la resurrección subraya la idea de que la transformación es un proceso interno. En lugar de centrarse en los cambios externos, enseña que el verdadero cambio comienza en la mente, con la renuncia deliberada a los conceptos limitantes de uno mismo y la adopción consciente de creencias nuevas y fortalecedoras. Crucificando lo viejo y resucitando lo nuevo, las personas pueden realinear su identidad con los resultados deseados, remodelando sus vidas de dentro a fuera.

En este marco, la crucifixión y la resurrección son procesos continuos, no acontecimientos puntuales. A medida que las personas crecen y evolucionan, deben renunciar una y otra vez a identidades obsoletas para adoptar otras nuevas que reflejen sus deseos y su desarrollo personal. A través de esta metáfora, Neville ilustra el profundo viaje psicológico que cada persona debe emprender para pasar de la limitación a la plenitud, mostrando que la transformación está siempre al alcance de quienes están dispuestos a desprenderse de su viejo yo y elevarse hacia nuevas posibilidades.

-

ORACIÓN Y MEDITACIÓN

En Tu fe es tu fortuna, Neville Goddard ofrece una perspectiva única sobre la oración y la meditación, distinguiéndolas de los conceptos tradicionales de súplica o petición de intervención divina. Según Neville, la oración no consiste en suplicar a una deidad externa para obtener ayuda o un cambio, sino en alinear la propia conciencia con el estado que se desea experimentar. Enseña que la verdadera oración implica asumir el sentimiento del deseo ya cumplido, convirtiéndose efectivamente en uno con el resultado deseado a través de la conciencia enfocada y la creencia.

Neville enfatiza que la oración debe ser un acto creativo de alineación interior más que una petición. Sugiere que los individuos deben entrar en un estado de conciencia en el que ya sienten y creen ser o poseer lo que desean. Este proceso es fundamental para la manifestación, ya que permite al individuo hacer realidad lo que desea al sintonizar mental y emocionalmente con ello. En este sentido, la oración no consiste en pedir, sino en reclamar y encarnar el estado deseado.

La meditación, en las enseñanzas de Neville, es la práctica que facilita este alineamiento. A través de la meditación, los individuos aquietan sus mentes y se enfocan en el sentimiento de "YO SOY", que es la conciencia de ser. Al concentrarse en el "YO SOY" y afirmar el estado deseado -por ejemplo, "YO SOY sano" o "YO SOY exitoso"- los individuos pueden sumergirse en la sensación de haber alcanzado ya su objetivo. Esta atención centrada en la realidad presente del resultado deseado cambia la conciencia y, según Neville, este cambio es lo que conduce a la manifestación del deseo en el mundo físico.

La clave, como enseña Neville, es sentir como si el resultado deseado fuera ya un hecho, en lugar de algo a alcanzar en el futuro. Al alinear su conciencia de esta manera, los individuos activan el poder creativo de su mente para traer el estado deseado a la existencia. En este marco, la oración y la meditación son herramientas prácticas para la transformación, que permiten a las personas tomar el control de su realidad eligiendo y encarnando conscientemente los estados que desean experimentar. El poder de este proceso reside en la profundidad de la convicción y en la capacidad de mantener la atención en el estado realizado, en lugar de en la ausencia o carencia de la condición deseada.

En resumen, Neville redefine la oración y la meditación como técnicas de alineación interna con los propios deseos, haciendo hincapié en que la manifestación es el resultado de experimentar conscientemente la sensación del deseo cumplido. Mediante estas prácticas, los individuos pueden aprovechar el poder de su conciencia para moldear su realidad externa de acuerdo con sus deseos más profundos.

\-

INTERPRETACIÓN MÍSTICA DE LAS FIESTAS

En Tu fe es tu fortuna, Neville Goddard ofrece una interpretación mística de fiestas tan significativas como la Navidad y la Pascua, alejándose de sus representaciones históricas tradicionales. En su lugar, relaciona estas fiestas con acontecimientos cósmicos y transformaciones psicológicas internas, utilizándolas como símbolos del viaje espiritual que se desarrolla dentro de cada individuo.

Neville interpreta la Navidad como el nacimiento simbólico de una nueva conciencia, a menudo denominada el "Cristo interior". En lugar de celebrar el nacimiento literal de Jesús, explica que la Navidad marca el momento en el que un individuo despierta a su naturaleza divina: la comprensión de que su conciencia, o "YO SOY", es la verdadera fuente de su poder creativo. Esta toma de conciencia señala el comienzo de una profunda transformación interna, ya que el individuo reconoce su capacidad para moldear su realidad a través de sus creencias y pensamientos. La Navidad, en la interpretación mística de Neville, se convierte en una metáfora del nacimiento de la autorrealización y del surgimiento de un estado superior de conciencia.

Del mismo modo, la Pascua se reinterpreta como la resurrección del yo superior. Neville enseña que la Pascua no tiene que ver con la resurrección física de Jesús, sino con la capacidad del individuo para elevarse por encima de sus limitaciones anteriores, despojándose de viejas creencias y adoptando una identidad nueva y empoderada. La "resurrección" en este contexto se refiere a un renacimiento espiritual, en el que el individuo trasciende sus antiguos conceptos de sí mismo y emerge como un nuevo ser, alineado con sus deseos y su potencial. Esta resurrección psicológica permite a la persona vivir de acuerdo con su verdadera naturaleza divina, que es ilimitada y capaz de manifestar cualquier estado deseado.

Neville relaciona ambas fiestas con transformaciones cósmicas, señalando que estas celebraciones están alineadas con acontecimientos astronómicos. Por ejemplo, el solsticio de invierno y el comienzo del viaje del sol hacia el norte, tradicionalmente vinculado a la Navidad, simbolizan el retorno de la luz y la promesa de una nueva vida, tanto en la naturaleza como en el interior del individuo. La Pascua, vinculada al equinoccio de primavera, representa la renovación de la vida a medida que la naturaleza despierta del invierno, en paralelo a la propia resurrección del yo superior del individuo. Estos ciclos cósmicos reflejan los procesos internos de crecimiento, muerte y renacimiento que tienen lugar en la conciencia humana.

Así, la interpretación mística de Neville transforma la Navidad y la Pascua de meras conmemoraciones de acontecimientos históricos en poderosos símbolos de transformación personal. Enseña que estas fiestas representan etapas clave en el viaje espiritual del individuo: la Navidad como el nacimiento de una nueva comprensión del yo, y la Pascua como la resurrección de ese yo superior, liberado de viejas limitaciones y plenamente alineado con el propio potencial divino. Mediante esta interpretación, Neville invita a las personas a vivir estas fiestas no como lejanas observancias religiosas, sino como oportunidades para el despertar interior y la transformación.

\-

APLICACIÓN PRÁCTICA DE LAS LEYES ESPIRITUALES

En Tu fe es tu fortuna, Neville Goddard hace hincapié en la aplicación práctica de las leyes espirituales como aspecto fundamental de sus enseñanzas. Insiste en que el verdadero valor del conocimiento espiritual no reside simplemente en comprenderlo intelectualmente, sino en aplicarlo de forma coherente para transformar la propia vida. El núcleo del mensaje de Neville es que los individuos tienen el poder de cambiar sus circunstancias externas alterando su estado interno de conciencia-específicamente, cambiando su autoconcepto.

Neville enseña que la realidad externa no es una fuerza independiente, sino un reflejo directo de las creencias, suposiciones y autopercepciones internas del individuo. Afirma que la vida es un reflejo de los pensamientos y sentimientos de la mente subconsciente y que, por lo tanto, para cambiar cualquier condición indeseable del mundo exterior, primero hay que cambiar el estado interno. Esta comprensión capacita a las personas para asumir la responsabilidad de su realidad, ya que sus experiencias externas se ven como manifestaciones de su conciencia interna.

Para aplicar en la práctica estas leyes espirituales, Neville anima a los individuos a comprometerse en un proceso deliberado de cambio de su autoconcepto. Esto implica identificarse conscientemente con las cualidades o condiciones que desean experimentar -como el éxito, la salud o la felicidad- y afirmar y sentir sistemáticamente esos estados como si ya fueran verdaderos. Al hacerlo, el individuo alinea su conciencia interior con el resultado deseado y, según Neville, el mundo exterior reflejará de forma natural esta nueva autoconcepción.

Neville enfatiza la importancia de la persistencia y la fe en este proceso. Enseña que no es suficiente entretener brevemente un nuevo concepto de uno mismo; debe mantenerse firme y consistentemente hasta que se convierta en el estado de conciencia dominante. El mundo exterior, que es un espejo del interior, cambiará inevitablemente para adaptarse a esta nueva realidad interna. Este método de cambiar el concepto que uno tiene de sí mismo es la clave para aplicar las leyes espirituales que Neville discute, y sirve como base para manifestar los cambios deseados en la vida.

A través de este enfoque práctico, Neville empodera a los individuos a moldear activamente sus vidas. Al comprender que su conciencia interna gobierna sus experiencias externas, pueden crear intencionalmente la realidad que desean. Este tema subraya la creencia de Neville de que las leyes espirituales no son abstractas o distantes, sino herramientas que cualquiera puede utilizar en su vida cotidiana para lograr la transformación y la realización.

CONCLUSIÓN

Resumen De Las Principales Enseñanzas

El libro de Neville Goddard, Tu fe es tu fortuna, se centra en el poder de la imaginación y la fe para moldear la propia realidad. En el centro de la filosofía de Goddard está el concepto de que la conciencia crea la realidad y que declarando "YO SOY" seguido del estado deseado, las personas pueden hacer realidad sus deseos. Enseña que alineando las creencias internas de cada uno con sus objetivos, las circunstancias externas se producirán de forma natural. Este marco está profundamente ligado a la comprensión de uno mismo como creador divino, donde la fe en el propio poder interior es clave para manifestar los resultados deseados.

PLAN DE ACCIÓN PARA LA APLICACIÓN DIARIA

1. Cultive la conciencia de "YO SOY":
Comience cada día afirmando "YO SOY" seguido de un estado o resultado positivo. Por ejemplo, diga "SOY exitoso", "SOY saludable" o "SOY seguro de mí mismo". Estas afirmaciones deben reflejar la persona en la que deseas convertirte. Esto se alinea con el principio de Goddard de que la conciencia y la autopercepción influyen directamente en la realidad externa.

2. Practique la visualización a diario:
Dedique un tiempo diario a imaginarse vívidamente viviendo ya en la realidad que desea. Concéntrese en la experiencia sensorial de esta visión: lo que ve, siente y oye como si el estado deseado ya fuera real. Esta práctica ayuda a incrustar la creencia en su mente subconsciente, reforzando la manifestación de esos deseos.

3. Privilegiar la fe sobre la duda:
Goddard subraya la importancia de la fe inquebrantable. A lo largo del día, rechace las dudas y sustitúyalas por una reafirmación del estado deseado. Cuando te enfrentes a pensamientos negativos, contrarréstalos afirmando: "YO SOY [resultado deseado]", reforzando tu creencia en su realización.

4. Actúe como si su deseo ya se hubiera cumplido:

Viva cada momento como si el estado deseado ya fuera su realidad. Si busca el éxito, aborde sus tareas e interacciones con la confianza y la mentalidad de una persona de éxito. Este paso solidifica la conexión entre su creencia interior y la realidad exterior.

5. Practique la atención plena:

Practica la atención plena para mantenerte presente y alineado con tus intenciones. Al mantener la conciencia de tus pensamientos y emociones, puedes guiarlos mejor hacia el estado que deseas manifestar, asegurando que tu mente permanezca enfocada en resultados positivos.

6. Gratitud y afirmación:

Termine el día reflexionando sobre los progresos realizados y expresando gratitud por la realidad que está creando. Afirma: "ESTOY agradecido por [resultado deseado]", como si ya se hubiera manifestado. Esto crea una poderosa conexión emocional con tus deseos, reforzando su manifestación.

GLOSARIO DE CONCEPTOS CLAVE

1. YO SOY:

Este es el concepto fundamental en las enseñanzas de Neville Goddard, que representa la esencia del ser o la conciencia. Se refiere a la conciencia interior de la existencia, que Goddard cree que es la fuerza creativa detrás de la realidad. Lo que sigue a "YO SOY" determina el estado de ser que experimentas.

2. Conciencia:

El estado de conciencia o percepción. Goddard enseña que tu conciencia es la creadora de tu realidad: lo que eres consciente de ser o de tener se manifestará en tu vida.

3. Imaginación:

La capacidad mental de visualizar y crear los resultados deseados. Goddard subraya que la imaginación es la clave para manifestar tus deseos, ya que te permite concebir mentalmente la realidad que deseas experimentar.

4. La fe:

La creencia en lo invisible o no manifestado. En la filosofía de Goddard, la fe es la confianza en el poder de la imaginación y la conciencia para dar forma a la realidad, independientemente de las circunstancias externas actuales.

5. Manifestación:

El proceso por el cual algo que una vez fue imaginado o deseado se convierte en una realidad física. Goddard enseña que todo en tu vida es una manifestación de tus creencias internas y estados de conciencia.

6. Asunción:

El acto de aceptar algo como cierto antes de que se haya manifestado físicamente. Goddard anima a asumir el sentimiento del deseo cumplido, lo que significa que debes creer y sentir que tu resultado deseado ya es real.

7. Ley de la Conciencia:

Es el principio de que todo aquello de lo que seas consciente o creas en tu mundo interior acabará reflejándose en tu mundo exterior. Es la ley fundamental que Goddard enseña para crear tu realidad.

8. Creencia:

Fuerte convicción o aceptación de que algo es cierto. Para Goddard, lo que realmente crees, especialmente sobre ti mismo, determina tus experiencias en la vida.

9. Ser interior:

El verdadero yo o conciencia que está conectado con el poder creador divino. Goddard enseña que volviéndote hacia dentro y reconociendo la divinidad de tu ser interior, puedes transformar tu mundo exterior.

10. La oración:

No es sólo una práctica religiosa, sino el acto de alinear conscientemente tus pensamientos y sentimientos con tus deseos. Goddard ve la oración como una actividad mental de afirmar lo que quieres que sea verdad, en lugar de suplicar o pedir algo fuera de ti mismo.

11. Sentimiento:

El estado emocional que acompaña a la creencia y la imaginación. Goddard enfatiza que el sentimiento es la clave para la manifestación, ya que las emociones profundamente sentidas son las que dan poder a las imágenes de tu imaginación.

12. Poder Divino:

La capacidad creativa inherente a cada persona, a menudo denominada Dios o el yo superior. En opinión de Goddard, este poder divino es lo que hace posible la manifestación, y se accede a él a través de la creencia, la imaginación y la fe.

LECTURAS RECOMENDADAS

1. "El poder del ahora" de Eckhart Tolle
Este libro profundiza en la importancia de la atención plena y de permanecer presente, de manera similar a las enseñanzas de Goddard sobre la conciencia y el "YO SOY". Tolle enfatiza que al vivir en el presente, puedes liberarte de los pensamientos negativos y crear una vida más plena.

2. "La ciencia de hacerse rico" de Wallace D. Wattles
Wattles se centra en la idea de que pensar de una "cierta manera" puede generar riqueza y éxito. Sus enseñanzas sobre el pensamiento creativo y el poder de la fe se alinean estrechamente con los principios de Goddard sobre la manifestación a través de la conciencia.

3. "Como un hombre piensa" de James Allen
Esta obra clásica explora la idea de que los pensamientos moldean la realidad. Allen sostiene que al controlar los pensamientos, se puede controlar la vida, lo que refleja el enfoque de Goddard sobre cómo la creencia y la imaginación influyen directamente en la experiencia.

4. "La ley de la atracción" de Esther y Jerry Hicks
Este libro es una obra fundamental sobre la ley de la atracción, un principio que refleja las enseñanzas de Goddard. Explora cómo el pensamiento positivo y la concentración en los deseos pueden atraer esas cosas a tu vida.

5. "Piense y hágase rico" de Napoleon Hill

El libro de Hill es una de las obras más conocidas sobre el poder del pensamiento para alcanzar el éxito. Sus ideas sobre el deseo, la fe y la visualización coinciden con el enfoque de Goddard sobre asumir y creer en el estado del ser que uno desea manifestar.

6. "El poder de tu mente subconsciente" de Joseph Murphy

El trabajo de Murphy se centra en el poder del subconsciente para crear la realidad, reforzando muchos de los conceptos que Goddard enseña sobre la imaginación, la creencia y la ley de suposición.

7. "El juego de la vida y cómo jugarlo" de Florence Scovel Shinn

Las enseñanzas de Shinn sobre el poder de las afirmaciones y los estados mentales son muy similares a las ideas de Goddard sobre la manifestación. Ofrece pasos prácticos para aplicar las leyes espirituales a la vida cotidiana, muy similares al llamado de Goddard a asumir la sensación del deseo cumplido.

8. "Visualización creativa" de Shakti Gawain

Este libro enseña cómo utilizar la imaginación para crear la vida que deseas, en línea con las enseñanzas de Goddard sobre el poder de la imaginación. La obra de Gawain ofrece ejercicios prácticos para visualizar y manifestar deseos.

CRONOLOGÍA DE LA VIDA DE NEVILLE GODDARD

1905:

- Neville Lancelot Goddard nació el 19 de febrero en St. Michael, Barbados, en el seno de una familia británica. Es el cuarto hijo de una familia de nueve varones y una niña.

1922:

- A los 17 años, Neville se muda a la ciudad de Nueva York para estudiar teatro. Trabaja como actor y bailarín en el escenario y en películas mudas, actuando en Broadway, en películas mudas y haciendo giras por Europa con una compañía de danza.

1923:

- Neville se casa brevemente con Mildred Mary Hughes. Tienen un hijo, Joseph Goddard, nacido en 1924.

1929:

- Neville marca este año como el inicio de su viaje místico. Recuerda una experiencia espiritual: "Fui llevado en espíritu al Consejo Divino donde los dioses conversan".

1931:

- Después de años de estudiar lo oculto, Neville conoce a su maestro Abdullah, un hombre negro con turbante y de ascendencia judía. Trabajan juntos durante cinco años en la ciudad de Nueva York.

1938:
- Neville comienza su propia carrera como docente y conferenciante, compartiendo sus conocimientos místicos.

1939:
- Neville publica su primer libro, A Tus Órdenes.

1940-1941:
- Neville conoce a su segunda esposa, Catherine Willa Van Schumus .

1941:
- Neville publica su segundo libro, Tu Fe es tu Fortuna.

1942:
- Neville se casa con Catherine y tienen una hija, Victoria, más tarde ese mismo año. También publica Libertad Para Todos: una aplicación práctica de la Biblia.

1942-1943:
- De noviembre a marzo, Neville sirve en el ejército y luego regresa a Greenwich Village, Nueva York. En 1943, aparece un perfil suyo en The New Yorker.

1944:
- Neville publica Sentir es el Secreto.

1945:
- Neville publica Plegaria: El Arte De Creer.

1946:

- Neville conoce al filósofo Israel Regardie , quien lo perfila en El romance de la metafísica. También publica un panfleto, La Búsqueda.

1948:

- Neville imparte sus famosas conferencias "Cinco Lecciones" en Los Ángeles, que luego se publican póstumamente como libro.

1949:

- Neville publica Fuera de este Mundo: Pensar en cuarta dimensión.

1952:

- Neville publica El Poder de la Conciencia.

1954:

- Neville publica Imaginación Despierta.

1955:

- Neville comienza a presentar programas de radio y televisión en Los Ángeles.

1956:

- Neville publica Semilla y cosecha: Una visión mística de las Escrituras.

1959:

- Neville experimenta un profundo evento místico, describiéndolo como un renacimiento de su propio cráneo, seguido de otras experiencias místicas.

1960:
- Neville lanza un álbum de palabra hablada.

1961:
- Neville publica La Ley y La Promesa. El capítulo final, "La Promesa", detalla la experiencia mística de 1959 y las experiencias posteriores.

1964:
- Neville publica el panfleto Rompe la Cáscara: Una Lección En Las Escrituras.

1966:
- Neville publica su último libro completo, Resurrección, que describe su visión mística y el potencial de la humanidad para realizar su naturaleza divina.

1972:
- Neville muere el 1 de octubre a los 67 años en West Hollywood, al parecer de un ataque cardíaco. Está enterrado en la parcela familiar en St. Michael, Barbados.

ACERCA DE LOS AUTORES

Neville Goddard
Fue un pensador místico profundo e influyente del siglo XX. Sus enseñanzas se centraban en el concepto radical y empoderador de que la imaginación humana es la verdadera manifestación de Dios. Creía que todo en la vida de una persona, ya sea positivo o negativo, es resultado de sus pensamientos, sentimientos y estados imaginativos.

La infancia de Neville estuvo marcada por su crianza en Barbados, donde nació en 1905 en una familia anglicana. A los 17 años, se mudó a la ciudad de Nueva York en 1922 para dedicarse al teatro. Aunque alcanzó el éxito como actor y bailarín, actuando en Broadway y en películas mudas, su vida dio un giro radical a principios de la década de 1930. Dejó atrás su carrera de actor para sumergirse en el estudio de la metafísica.

Bajo la influencia de su mentor, Abdullah, una misteriosa figura de ascendencia africana y judía, Neville comenzó a explorar principios espirituales profundos que combinaban el cristianismo con el misticismo. Se embarcó en una carrera como escritor y conferenciante, utilizando su carisma e intelecto para dar charlas impactantes en iglesias metafísicas, centros espirituales y lugares públicos. Sus enseñanzas se centraban especialmente en el poder del pensamiento y la imaginación como la fuerza creativa suprema.

A pesar de no alcanzar una fama generalizada durante su vida, la influencia de Neville ha crecido significativamente desde su muerte en 1972. Sus obras, en particular sus libros como Sentir Es El Secreto, El Poder De La Conciencia y La Ley y La Promesa, ahora se consideran precursores de las ideas modernas sobre la mecánica cuántica y el poder de la conciencia para dar forma a la realidad.

Las ideas de Neville también han inspirado a pensadores y autores espirituales contemporáneos, entre ellos Carlos Castaneda y Joseph Murphy, quienes desarrollaron temas similares en sus propias obras. Hoy en día, sus enseñanzas son ampliamente consideradas como atemporales y siguen atrayendo a un público cada vez mayor que busca aprovechar el potencial creativo de la mente.

Imaginatio Divina Editorial

Creemos que el poder de la creación reside en cada uno de nosotros. Inspirados por las profundas enseñanzas de Neville Goddard, promovemos la transformación de la vida a través del poder de la imaginación y la conciencia. Nuestra editorial se dedica a publicar obras que revelan la capacidad innata de los individuos para dar forma a su realidad a través del pensamiento consciente y la fe interior. Cada libro, cada palabra, tiene como objetivo guiar a los lectores hacia el descubrimiento de su naturaleza divina y su poder creativo, en línea con la filosofía de que "la imaginación es Dios en acción".